# EL PODER
# TRANSFORMADOR
## DE LA PREDICACIÓN

LA GUÍA ESENCIAL PARA PREDICAR EN UN MUNDO
CONTEMPORÁNEO, POSMODERNO Y MULTICULTURAL

## ERICK TUCH

Editorial **CLIE**

**EDITORIAL CLIE**
C/ Ferrocarril, 8
08232 VILADECAVALLS
(Barcelona) ESPAÑA
E-mail: clie@clie.es
**http://www.clie.es**

CLIE

**EL PODER TRANSFORMADOR DE LA PREDICACIÓN**
**La guía esencial para predicar en un mundo contemporáneo, posmoderno y multicultural**
ISBN: 979-13-87625-12-2
Depósito legal: B 12289-2025
Ministerio cristiano / Predicación
REL080000

# Acerca del autor

**Erick Fernando Tuch**, guatemalteco, es licenciado en Ministerio Cristiano (SEBIPCA) y licenciado en Ciencias de la Religión (Universidad Da Vinci). También es máster en Artes en Estudios Bíblicos y Teológicos por el Seminario Sudamericano (SEMISUD, Ecuador) y máster en Liderazgo y Administración de la Iglesia por la Universidad Lee (EE. UU.). Es doctor en Ministerio por el Pentecostal Theology Seminary (EE. UU.).

Es profesor en el Seminario Bíblico Pentecostal de Guatemala y en el Seminario Bíblico Pentecostal Centroamericano (SEBIPCA).

Es pastor desde hace veinte años. Actualmente, pastorea la Iglesia de Dios Villa Las Cataratas, en Olintepeque, y es presidente en la Iglesia de Dios «Plenitud de Vida», en la ciudad de Quetzaltenango.

Es escritor, conferencista de la Sociedad Bíblica de Guatemala y vicepresidente de la Junta Directiva de dicha institución.

Está casado con Margori Batres y es padre de tres hijos: Andrés, Pablo y Máryori.

# AGRADECIMIENTO

A mi querida esposa Margori,
por amarme y por sus grandes
sacrificios a mi lado.

# ÍNDICE

## PARTE I
### FUNDAMENTOS BÍBLICOS, TEOLÓGICOS Y MINISTERIALES DE LA PREDICACIÓN BÍBLICA

**PARTE II**
CRITERIOS BÁSICOS PARA LA PREPARACIÓN
DEL SERMÓN BÍBLICO

# PRÓLOGO

¿Un libro más sobre la predicación? ¿No existen suficientes libros sobre este tema? ¿No existen acaso otros asuntos de más urgencia para la vida y misión de las iglesias que requieren ser atendidos, antes que insistir en el tema de la predicación? Estas y otras preguntas se entrecruzaban en mi corazón y en mi mente mientras leía el libro escrito por mi amigo Erick Fernando Tuch. Vino a mi memoria entonces una sección de la Declaración Evangélica de Cochabamba, Bolivia, fruto de la reunión fundacional de la Fraternidad Teológica Latinoamericana (FTL) en 1970:

> El púlpito evangélico está en crisis. Hay entre nosotros un lamentable desconocimiento de la Biblia y de la aplicación de su mensaje al día de hoy. El mensaje bíblico tiene indiscutible pertinencia para el hombre latinoamericano, pero su proclamación no ocupa entre nosotros el lugar que le corresponde. Vivimos en un momento difícil para la Iglesia evangélica en nuestro continente. Urge una toma de conciencia de nuestra situación. El llamado de la hora es volver a la Palabra de Dios, en sumisión al Espíritu Santo. Es regresar a la Biblia y al Señor que reina por medio de ella. Es cuestionar nuestras "tradiciones evangélicas" a la luz de la revelación escrita. Es colocar todas las actividades de la iglesia bajo el juicio de la Palabra del Dios vivo. Es obedecer las claras demandas de la Palabra de Dios de anunciar a todos el mensaje de Jesucristo llamándolos a ser sus discípulos, y ser, dentro de la compleja realidad social, política y económica de América Latina, una comunidad que expresa el espíritu de justicia, misericordia y servicio que el evangelio implica. (Declaración Evangélica de Cochabamba, en *El debate contemporáneo sobre la Biblia*, Pedro Savage et al., Barcelona: Ediciones Evangélicas Europeas, 1972, p. 226-227)

La cita es extensa. ¡Lo sé! Sin embargo, da cuenta de que hace 50 años se llamaba la atención sobre un problema que afectaba visiblemente el testimonio cristiano y que, lamentablemente, hasta hoy no se ha atendido suficientemente: *¡El púlpito evangélico está en crisis!*

Esto explica el motivo por el cual el notable crecimiento numérico de las iglesias evangélicas en América Latina y el Caribe de habla hispana no ha ido de la mano con la urgente transformación social que requiere el continente. Una predicación descontextualizada y predicadores descontextualizados son parte del problema. Erick Fernando Tuch apunta precisamente en esa dirección; en otras palabras, el libro de su autoría busca que los predicadores sean contextualizados y que la predicación sea contextual.

Cada capítulo del libro *El poder transformador de la predicación* tiene ese fin. El autor no restringe la predicación al púlpito y al templo. Una y otra vez insiste en que la predicación tiene que dar cuenta de que el evangelio es una verdad pública y, consecuentemente, no puede estar limitada al espacio religioso de la vida, sino que la Palabra de Dios tiene que ser expuesta en el *ágora*, en la plaza pública. Se requiere entonces que el lenguaje del predicador sea accesible a los diversos públicos que están presentes en la plaza pública, que el contenido de su mensaje responda a las preocupaciones cotidianas del ciudadano de a pie y que desafíe a todos al seguimiento de Jesús de Nazaret, amigo de la vida y de la justicia.

Para esa tarea que todo predicador tiene que asumir como un imperativo, no encerrándose en el templo, sino atreviéndose a transitar en la arena pública, se requiere comprender que un «verdadero sermón actúa como un puente sobre la división cultural entre los mundos bíblico y moderno, y debe apoyarse de igual forma en ambos» (John Stott, 1999, p. 8). En otras palabras, para que la predicación sea relevante y actual, se tiene que hacer una doble contextualización: situar el texto bíblico en su contexto histórico y cultural, y conocer el mundo en el que el predicador o la predicadora están situados.

La lectura del libro escrito por Erick Fernando Tuch tiene ese objetivo. Ayudarnos a comprender que la predicación no es un mensaje para entretener a las personas o para desubicarlas de la realidad en la que viven, sino que su horizonte es coadyuvar a la obediencia a todo el evangelio en nuestros contextos particulares de misión. La predicación tiene entonces la intención, no solo de que los creyentes o quienes escuchan el evangelio sean buenas personas, sino también buenos vecinos interesados en el bien común, ciudadanos ejemplares de la *polis* (ciudad), conscientes de sus derechos y responsables en el cumplimiento de sus obligaciones.

Como pentecostal, afirmaría que el libro de mi amigo Erick Fernando Tuch es una bendición de lo alto y, por esa razón, con gratitud y alegría del Espíritu, recomiendo su lectura para todos los públicos, tanto predicadores como el pueblo evangélico de a pie. La razón es la siguiente: si «el púlpito evangélico está en crisis», para salir de esta situación que afecta el testimonio integral del pueblo evangélico, no será suficiente el esfuerzo individual porque se trata de una tarea colectiva orientada a transformar el rostro público de todo el pueblo de Dios. De esa manera, la paz y la justicia del reino de Dios serán una realidad visible en todas las dimensiones de la vida humana. ¿No es este el horizonte de toda predicación?

Darío A. López Rodríguez
Villa María del Triunfo, Lima, Perú, junio del 2020

# INTRODUCCIÓN

La predicación es determinante para la vida y misión de la iglesia en el mundo porque Dios habla a través de ella para salvar al pecador, y alimentar, corregir y dirigir a su iglesia. Por eso, la predicación puede ser definida como la mejor teofanía que Dios nos ha regalado; a través de ella, Dios revela su persona, su poder y sus propósitos.

La predicación es posible gracias a que Dios ha querido revelarse y lo ha hecho mediante acontecimientos en los cuales ha manifestado su poder y propósitos. También se ha revelado a través de las palabras que fueron pronunciadas por los profetas, quienes hablaron inspirados por el Espíritu de Dios. Sin embargo, la mejor revelación de Dios ha sido Jesucristo, su Hijo, quien dijo:

> Si me conocieran, también conocerían a mi Padre; y desde ahora lo conocen, y lo han visto… El que me ha visto a mí, ha visto al Padre; ¿cómo entonces dices: «Muéstranos al Padre»?… Las palabras que yo les hablo, no las hablo por mi propia cuenta, sino que el Padre, que vive en mí, es quien hace las obras. (Juan 14:7, 9, 10 RVC)

Jesús vino para revelarnos la persona y propósito del Padre. Y el testimonio de la revelación de Dios mediante Jesucristo nos llegó por medio de los Evangelios, que primero fueron predicados y posteriormente fueron recogidos por escrito por las comunidades cristianas. Por eso los apóstoles reconocieron que era importante predicar el evangelio de Jesucristo, pues Dios se revela mediante las Escrituras proclamadas. Además, reconocieron que Dios se manifiesta junto a la proclamación de su Palabra. Cuando Dios habla, actúa salvando, sanando, liberando y transformando a todo aquel que se expone al evangelio, que es poder de Dios.

Sin embargo, la predicación está en crisis, y consecuentemente la iglesia y la sociedad están en crisis. Por eso es importante un libro sobre predicación como este. Aunque su enfoque es rudimentario, seguramente aportará al análisis y mejora de la predicación, especialmente para aquellos que no han tenido la oportunidad de una formación sistemática.

Este libro está dividido en dos partes. La primera aborda la teología bíblica de la predicación para estimular la conciencia de tan solemne tarea. Se analiza la relación de la cultura posmoderna con la predicación, el poder transformador de la predicación y se presenta el desafío de predicar bíblicamente.

En la segunda parte se ofrece una teoría homilética, en la que se describen los pasos para realizar un sermón. Luego se presenta el sermón expositivo, que por mucho tiempo ha sido privilegiado; el sermón narrativo, que cada vez es más popular; y el multisensorial, que integra las artes y tecnología en el proceso de comunicar la Palabra de Dios, especialmente para las nuevas generaciones.

La calidad de la predicación determina la calidad de la vida de la iglesia. Por eso necesitamos una predicación con profundidad bíblica, teológica y que sea contextual, de tal manera que Dios siga siendo conocido en todas las naciones de la tierra, pues la predicación es un proceso en el que Dios se revela a hombres y mujeres.

# PARTE I

# Fundamentos bíblicos, teológicos y ministeriales de la
# PREDICACIÓN BÍBLICA

# CAPÍTULO 1

# La predicación en un mundo posmoderno

Dios es un ser personal y consecuentemente relacional; por eso existe en Trinidad. Esa relación divina se extiende hasta su creación, particularmente con el ser humano y por eso Dios se ha revelado a través de muchos medios con el propósito de darse a conocer y así desarrollar una relación personal con la humanidad.

Entre todos los medios que Dios ha utilizado para revelarse al hombre, en los últimos dos milenios, el predilecto ha sido la predicación, por cuanto se basa en la Biblia, que es la revelación de Dios. Y «la predicación es posible y necesaria debido al acontecimiento de la revelación» (Ropero, 2015, p. 55). Si Dios no se hubiese revelado en las Escrituras, la predicación sería una fantasía o una pretensión arrogante. Sin embargo, Dios decidió darse a conocer mediante palabras y acontecimientos que han quedado registrados en las Escrituras; la predicación debe sustentarse en ellos.

La revelación de Dios registrada en la Palabra se llevó a cabo en la historia, pues la historia es el escenario donde Dios se da a conocer. Consecuentemente, Dios se revela a cada generación considerando la realidad histórica. En este sentido, se hace imperativo que los predicadores contemporáneos consideren la posmodernidad como su contexto.

La cultura posmoderna tiene muchas expresiones que desafían la fe cristiana. Aquí nos interesan aquellos elementos que tienen relación con la predicación. Entre ellos, el más relevante para el análisis de la predicación es el relacionado con la verdad. La cultura posmoderna no considera la verdad como universal, objetiva y absoluta, sino como algo relativo, algo que puede ser construido. En consecuencia, el hombre posmoderno no acepta la autoridad de las Escrituras y se resiste a que otros le digan lo que debe creer y hacer; para él, la verdad no se descubre, sino que se construye.

Esta actitud hacia la verdad hace que la mentalidad posmoderna rechace los metarrelatos, lo cual representa un desafío para el cristianismo, que se fundamenta en una metanarrativa, la gran historia de Dios: el evangelio. Consecuentemente, existe un rechazo hacia la autoridad de la Biblia. Tholer afirma que la posmodernidad

> rechaza las doctrinas, tradiciones, credos y confesiones porque limitan la autoexpresión y representan la autoridad opresiva. Se tolera a los predicadores siempre y cuando se limiten a dar mensajes terapéuticos que enriquezcan la autoestima, pero se resiste cada vez que incluyen en sus sermones la autoridad divina o las afirmaciones universales de la verdad. (Tholer, 2010, p. 123)

Esto desafía abiertamente la autoridad de las Escrituras. Ante esta realidad, la fe cristiana concibe la verdad como absoluta y dada por Dios a través de las Escrituras. Los cristianos afirmamos que la verdad es eterna, inalterable, universal, y que somos llamados a ordenar nuestra mente, voluntad y decisiones conforme a esa verdad revelada por Dios en las Escrituras.

El efecto de una verdad relativa ha tenido impacto en la ética, pues al no considerar los absolutos en la vida se da paso a una ética relativista basada en la falacia de la libertad, que en realidad es un libertinaje; el hombre posmoderno es hedonista, amante del placer y de toda gratificación sin esfuerzo alguno y sin importar que esa conducta afecte a los demás o viole los principios establecidos por Dios.

También hay un creciente secularismo junto con un pluralismo religioso, una paradoja muy propia de esta época. La espiritualidad en la posmodernidad tiene sus propios matices; Hong dice que es

> subjetiva en el sentido [de] que ya no representa la herencia recibida de nuestros antecesores ni de las tradiciones institucionalizadas, sino como resultado de una búsqueda, de un encuentro o de una elaboración personal. La religión se privatiza, se individualiza y la verdad se mide por la experiencia del individuo. (Hong, 2011, p. 9)

Esto conduce a una espiritualidad más emocional que proposicional, como fue hace veinte siglos. Por eso muchas iglesias emergentes rechazan los dogmas o sistemas doctrinales: porque la espiritualidad en esta época tiene una expresión más individual. Consecuentemente, hay una espiritualidad sincretista; es común que los cristianos tengan prácticas espiritistas, rituales de algún culto maya, de la nueva era o yoga, pues los posmodernos buscan experiencias con lo sobrenatural sin importar cuál sea el camino.

También hay que considerar que el individuo posmoderno se muestra indiferente ante las instituciones religiosas a pesar de tener cierta apertura a Dios. «El hombre posmoderno urbano siente la necesidad de creer, pero se resiste a reintegrarse al seno de su religión institucionalizada, a la cual ve como representante del viejo orden» (Hong, 2001, p. 7). De alguna manera, esta actitud refleja el sentimiento de autosuficiencia, pero también es un reflejo de la crisis que experimentan las instituciones.

Finalmente queremos advertir que la realidad posmoderna es cada vez más dependiente de la tecnología, e incluso se ha instalado una nueva realidad: la realidad virtual. En ella, la imagen se ha vuelto más poderosa que las palabras, pues puede ser más descriptiva, además de profundamente emotiva.

Hay que reconocer que las nuevas generaciones prefieren cada vez más la imagen que las palabras, dado que están acostumbradas a visualizar todo y a estar rodeadas por estímulos multisensoriales. Escuchar requiere más atención y esfuerzo, algo que no están dispuestas a hacer dado que nuestras sociedades superficiales gustan más del espectáculo.

Pareciera también que la imagen los lleva a una sensación de certeza, es decir, lo visual da evidencia de la experiencia y en, este sentido, los predicadores tendrán que aprovechar los recursos tecnológicos para una comunicación efectiva de la Palabra de Dios.

Curiosamente cada vez hay más predicadores, pero, a la vez, los predicadores están menos preparados para interpretar responsablemente las Escrituras y no cuentan con herramientas para contextualizarlas.

Por estas y demás razones, se hace necesario redefinir la predicación desde las Escrituras, particularmente en su naturaleza y metodología para luego sugerir acciones que permitan una renovación en la predicación.

## 1.1 Definición etimológica de la predicación

La comprensión correcta de la predicación ayudará al ejercicio correcto de esta solemne tarea; por eso conviene aclarar qué se entiende por predicación.

Para definir etimológicamente la predicación, el Nuevo Testamento usa varios términos; entre los más comunes están: a) *Kerusso*, término griego que significa ser heraldo, proclamar o anunciar. Este verbo describe la tarea de un mensajero o heraldo que es enviado por una autoridad para pregonar una noticia buena o anunciar un mensaje. b) *Euangelizo*, que refiere a las buenas nuevas acerca del Hijo de Dios o al anuncio del evangelio. c) *Kerygma* está asociado a la tarea de proclamar, particularmente el evangelio; por eso algunos utilizan la expresión *kerygma* para referirse al evangelio como buena noticia.

Herrick Johnson define la predicación como «la proclamación personal, pública y autoritativa de la verdad de Dios a los hombres por medio de un hombre» (Johnson, 1993, p. 23). Crane agrega que el «material» de la predicación es la verdad divina, que tiene como fuente pura las Sagradas Escrituras y como «método» la comunicación verbal (Crane, 1985, p. 22). La predicación se refiere entonces a la exposición pública de las Escrituras a través de una persona que está investida de cierta autoridad que le concede el hecho de ser portadora de las palabras de Dios. Seguramente la expresión "autoritativa" ha de ser ofensiva para algunos posmodernos, pero para los discípulos de Jesús, la verdad revelada en las Escrituras no es cuestionable, pues las palabras de Dios son verdad para todo tiempo y en cualquier época.

Para Jiménez, la predicación es la

> interpretación teológica de la vida. La predicación… es una tarea interdisciplinaria donde el estudio y la interpretación de la Biblia se encuentran con la teología sistemática, la historia de la iglesia, la educación cristiana, el consejo pastoral y la oratoria. Así pues, la predicación es un ejercicio de integración teológica y pastoral. (Jiménez, 2003, pp. 28-29)

Esta definición es más pragmática e integra los elementos que hacen posible la predicación. Jiménez deja ver que la tarea de predicar requiere la preparación adecuada, pues se deben dominar ciertos conocimientos, tanto en el proceso de interpretación de las Escrituras como en la forma en que se organizan y comunican los argumentos bíblicos. También deja claro el carácter pastoral de la predicación, es decir, esta debe ayudar a las personas a vivir, integrando los principios y valores del reino de Dios.

Por consiguiente, la predicación debe considerarse como un proceso en el que Dios habla a su pueblo a través de las Escrituras; este proceso exige una comprensión correcta de los textos bíblicos y una adecuada contextualización para que esas palabras sean vibrantes para el hombre y la mujer de hoy, de tal manera que puedan vivir conforme a los propósitos de Dios. En síntesis, la predicación es la revelación contemporánea de Dios a partir de las Escrituras y mediante un mensajero.

## 1.2 La predicación como revelación de Dios

Se ha afirmado que el Dios que presenta la Biblia es un ser personal con capacidad para relacionarse. Precisamente por eso, puede afirmarse que Dios habla para darse a conocer, con el propósito de relacionarse con las personas. Jiménez afirma que «las personas llegamos a conocer a Dios por medio del evento de la predicación» (Jiménez, 2009, p. 105). Es Dios quien toma la iniciativa de darse a conocer y mediante su Espíritu ilumina el entendimiento del ser humano y utiliza diferentes medios para lograr ese fin.

Según Hebreos 1:1-5, Dios siempre ha tomado la iniciativa de darse a conocer al mundo mediante diferentes medios. La historia ha sido el mejor escenario de su revelación: hechos o acontecimientos que han sido explicados a través de las palabras; en este sentido, la palabra ha sido la mejor teofanía de Dios. Por eso, la predicación como proceso comunicativo es una revelación de Dios más que una exposición de textos bíblicos. La predicación es más que un estudio bíblico: es un proceso que revela la persona de Dios en su carácter, propósitos y acciones.

Además, es importante reconocer que hay una relación dialéctica entre la palabra y la acción de Dios porque cuando Dios habla, actúa. La Palabra es Dios en acción. Y la predicación debe ser lo mismo: Dios hablando y actuando. Por eso, en el contexto de la predicación, muchas personas son salvas, cosa que solo pasa si Dios actúa, porque solo Él salva. En la predicación muchas personas son restauradas, sanadas, fortalecidas, consoladas y afirmadas porque Dios obra.

Por eso, la predicación es un acontecimiento divino y humano, por cuanto Dios habla a través de un ser humano. Anderson dice que el sermón «no es algo que escuchamos, sino algo que hacemos… La predicación tiene lugar en tiempo presente mientras nos conectamos con el Dios que está presente y se propone actuar. La Biblia está viva y en ella encontramos a Dios» (Anderson, 2010, p. 39). En la predicación, Dios sigue hablando y actuando mediante lo que ha dicho y ha sido registrado en las Escrituras.

En este proceso, es importante la participación del Espíritu Santo porque revela a Jesucristo, iluminando el entendimiento del ser humano para comprender la verdad de Dios y su voluntad. Es el Espíritu Santo quien hace viva esa palabra predicada y, a su vez, da la capacidad al ser humano para responder a esa revelación divina.

En la predicación, se hace posible que el Cristo documentado en las Sagradas Escrituras cobre realidad presente mediante la obra del Espíritu Santo, cuya acción o testimonio está relacionado con la Palabra revelada.

También debe reconocerse la importancia de la comunicación humana en el proceso de la revelación de Dios en este tiempo. De ahí el valor de la preparación de los predicadores en el arte de la comunicación escrita y hablada. También han de usarse eficientemente los recursos tecnológicos, particularmente los audiovisuales; las artes escénicas cada vez son más usadas como parte del proceso de comunicación de la Palabra de Dios, especialmente en las iglesias emergentes que gustan de la predicación multisensorial.

## 1.3  Los grandes objetivos de la predicación

Para comprender adecuadamente la naturaleza de la predicación, hay que reconocer que tiene como meta persuadir la voluntad del individuo para que actúe conscientemente de acuerdo a la verdad absoluta de la Palabra de Dios. La predicación no busca simplemente informar acerca de Dios, sino orientar hacia una transformación de la persona en su carácter y acciones para que viva según el propósito de Dios.

La historia testifica que la predicación es poderosa, pues Dios salva al mundo y edifica su iglesia por medio de la predicación; su poder y capacidad de transformar personas y naciones está ligada a la actividad de Dios mismo, por cuanto la Palabra no viene separada de la persona de Dios (Juan 1:1, 14). Es decir, cuando Dios habla, actúa, crea y renueva. Por eso, cuando se proclama la Palabra de Dios, los ciegos ven, los sordos oyen, los muertos resucitan, y lo que no es viene a existencia. ¡La Palabra es el poder de Dios en acción! Por eso la predicación es más que un elemento litúrgico: es un medio de gracia que Dios designó para alimentar, dirigir y corregir a su iglesia (1 Corintios 1:21).

Cuando la predicación ha sido sustituida, ha resultado en perjuicio de la iglesia. Por eso en este libro no se discute la importancia de la predicación, sino la efectividad, las metodologías y contenidos que deberían abordarse en los púlpitos y otros espacios de predicación.

Finalmente, la predicación es importantísima en la vida y misión de la iglesia. Cuando la predicación se diluye, la iglesia experimenta desnutrición y consecuentemente resulta incapaz en el cumplimiento de su misión en la tierra. Por eso, la calidad de iglesia y sociedad que tenemos son un reflejo directo de la predicación que hay en estos tiempos.

## 1.4  La crisis en la predicación contemporánea

Por las razones presentadas anteriormente, la iglesia debe predicar la Palabra de Dios con responsabilidad, pasión y fidelidad. Es el medio que Dios eligió para edificar su iglesia y salvar al mundo. Sin embargo, hay que reconocer que mucho de lo que actualmente se considera predicación carece del sello de autoridad de «Así dice el Señor», como solían decir los profetas, quienes fungían como predicadores en el Antiguo Testamento.

Muchos predicadores olvidaron que su tarea es proclamar la Palabra de Dios y la cambiaron por discursos agradables al oído. Prefieren la aprobación de la audiencia antes que la fidelidad a Dios y su Palabra. Consecuentemente, acompaña a esta tragedia un cambio en el contenido: de la Biblia pasaron a temas psicológicos y charlas motivacionales, olvidando que la opinión humana sobre las cuestiones complejas de la vida jamás hará lo que la Palabra viva de Dios puede hacer. Estos contenidos pueden ser interesantes y útiles en su debido contexto, pero no pueden sustituir la Palabra de Dios, pues no tienen el poder transformador que posee la Palabra de Dios que tanto necesitan la iglesia y el mundo.

Esta crisis en la predicación debe ser atendida porque sus efectos negativos están causando estragos en la iglesia. Es un mal que repercute en su vida y misión, ya que Dios estableció que la predicación sirviera para edificar, santificar y dirigir su iglesia —un propósito que no lograrán las filosofías humanas y todo aquello que intente sustituir la Palabra de Dios—.

Por eso Pablo, el gran predicador del siglo I, exhortó a Timoteo a predicar, diciéndole:

Te encargo delante de Dios y del Señor Jesucristo, quien juzgará a los vivos y a los muertos en su manifestación y en su reino, que

prediques la palabra; que instes a tiempo y fuera de tiempo; redar-
guye, reprende, exhorta con toda paciencia y doctrina. Porque ven-
drá un tiempo en que no soportarán la sana doctrina, sino que aun
teniendo comezón de oír se amontonarán maestros conforme a sus
propios malos deseos, y apartarán de la verdad sus oídos y se volve-
rán a las fábulas. (2 Timoteo 4:1-4 RVC)

Las instrucciones a Timoteo son claras. Él debía predicar «en tiempo y
fuera de tiempo», aun cuando no fuera la moda del momento. También
debía redargüir, reprender y exhortar, lo que implicaba confrontar a los
hombres con su pecado y conducirlos hacia el arrepentimiento. La preocupación de Pablo era que llegaría un tiempo cuando la sana doctrina
sería rechazada y sustituida por todo lo que entretiene y agrada al oído.
Pablo veía un tiempo donde la verdad sería cuestionada, ignorada, sustituida y menospreciada, ¡y ese tiempo es ahora!

Siempre ha habido rechazo a las Escrituras, pero nunca como ahora.
Tal rechazo se debe a que la Palabra de Dios señala el pecado del hombre, desnuda la incapacidad del ser humano para salvarse a sí mismo,
a menos que venga rendido a Dios. Y eso no agrada al autosuficiente
hombre posmoderno. Por esta razón, muchos buscan a alguien que les
diga lo que quieren oír, que los haga sentir bien a pesar de su desgracia
espiritual. Rechazan oír lo que más necesitan por el entretenimiento.

Las personas no tienen interés en escuchar a Dios. Buscan a alguien
que les estimule el ego y los haga sentir mejor en medio de sus tra-
gedias y pecados. «Los oidores invitan y moldean a sus propios predicadores. Si las personas desean un becerro para rendirle culto, se
encontrarán con un ministro especializado en la confección de bece-
rros» (Vicent, 1997, p. 321). Lo triste es que también los predicadores
quieren ser aplaudidos y por eso sacrifican la verdad de Dios por un
discurso superficial que motive a sus oyentes.

Lastimosamente las falencias en la predicación son muchas; entre
las más notables, se mencionan las siguientes:

***Primero, la predicación contemporánea es deficiente en argumentos
bíblicos***. La predicación por naturaleza debe ser bíblica, pero por absurdo que parezca, la predicación contemporánea no es bíblica; más bien
son discursos religiosos y charlas motivacionales que usan versículos
bíblicos mal interpretados. Esta triste realidad no es nueva; ha sido un
mal de mucho tiempo, pero se ha agudizado en esta época. Crane dice:

> La verdad de que legítimamente se ocupa la predicación cristiana es netamente religiosa y esencialmente bíblica. Es religiosa porque tiene que ver con las grandes realidades acerca de Dios y el hombre, del pecado y la salvación, del tiempo y la eternidad, del cielo y el infierno. Es bíblica porque toma de la fuente pura de las Sagradas Escrituras sus temas y el desarrollo de ellos. (Crane, 1985, p. 22)

Por tanto, la predicación requiere de una exposición clara, fiel y persuasiva de un determinado pasaje bíblico.

Los predicadores deben considerar que un mensaje argumentado bíblicamente tendrá la nota de autoridad divina a la que hay que someterse. Pero ¿qué tan efectivo podrá ser un discurso sobre relaciones interpersonales cuando el mandamiento de amar al prójimo no ha sido predicado correctamente? ¿Qué fruto tendrá sustituir la enseñanza de la regeneración por un discurso de autoestima? Desafortunadamente el púlpito contemporáneo carece de argumentación bíblica y eso explica la derrota constante de los cristianos frente a los desafíos con los que tienen que enfrentarse todos los días.

Los predicadores de la iglesia apostólica son un ejemplo claro de cómo predicar con argumentos bíblicos sólidos. En Pentecostés, Pedro probó bíblicamente que lo que sucedía era el cumplimiento de una promesa divina. El sermón de Esteban fue argumentado bíblicamente. De Felipe se dice que predicó al etíope «comenzando de esta Escritura» (Hechos 8:35). Estos ejemplos muestran que los apóstoles basaban su predicación en la Escritura, particularmente en la persona de Cristo: su muerte, resurrección y exaltación, lo cual implicaba un llamamiento al arrepentimiento de los pecados y a recibir el perdón ofrecido por Cristo en la cruz.

Sin embargo, no parece ser la realidad actual. René Padilla dice que «una de las características más comunes de la predicación en las iglesias evangélicas en América Latina es su falta de raíces bíblicas» (Padilla, 1972, p. 129). En gran parte tiene razón, pero debemos reconocer que hay predicadores que anuncian la Palabra de Dios como los profetas del Antiguo Testamento.

***Segundo, la predicación contemporánea carece de una exégesis bíblica responsable.*** El predicador del evangelio debe tener conciencia de que no habla en nombre suyo, sino en nombre de quien lo envió (1 Pedro 4:11). Esto implica que no debe imponer sus ideas sobre el texto bíblico, sino encontrar el significado verdadero de cada texto; para eso se necesita una correcta exégesis bíblica.

La predicación contemporánea parte de una eiségesis en lugar de una exégesis. Es decir, parte de lo que el predicador quiere decir, de lo que hay en su corazón y mente, lo cual justifica con un texto bíblico. Usa el texto como trampolín. Son seguidores de la nueva hermenéutica, que propone «interpretar todos los textos a la luz de nuestra experiencia, de nuestra propia existencia» (Martínez, 1984, p. 115). El Dr. Núñez afirmó que la hermenéutica «ha dejado de ser un conjunto de reglas para la correcta interpretación del texto bíblico; independientemente del contexto cultural y social del intérprete, este le inyectará algo de sí mismo o de su bagaje cultural y social» (Núñez, 1995, p. 207). Por eso se requiere que el predicador haga uso de las reglas de interpretación. No interpretar correctamente la Biblia implica falsificar el mensaje de Dios. Por eso muchos pasajes han servido miles de veces como pasaporte para ideas no bíblicas. Esta irresponsabilidad en la predicación es el reflejo de la filosofía ministerial que poseen dichos predicadores y del concepto errado que tienen de las Escrituras.

También hay una inclinación a utilizar el método alegórico para interpretar la Biblia. Este método permite que se abuse de la imaginación y se mutile el mensaje de Dios. Tampoco toman en cuenta los géneros literarios y consecuentemente ignoran las reglas particulares para interpretar ciertos pasajes. Otro error ha sido ignorar el contexto del pasaje, torciendo así el significado del texto.

El descuido de la exégesis en la predicación ha creado una caricatura del evangelio y esto ha perjudicado a la iglesia y está dejando secuelas que, si no se atienden debidamente, serán —para la iglesia y la sociedad— irreparables, como sucede en la Europa del siglo XXI: países que antes defendieron y predicaron la Biblia, ahora la rechazan porque no atendieron la crisis en la predicación.

**Tercero, la predicación contemporánea carece de autoridad**. Una predicación que no tiene como base las Escrituras carece de autoridad y una predicación de esta naturaleza será impotente para transformar la iglesia y el mundo. Si los oyentes no pueden percibir la voz de Dios, la predicación será simplemente un discurso religioso.

El concepto de autoridad es importante en la construcción de una teología bíblica de la predicación, pues la Biblia debe ser autoridad para la manera de vivir la fe y cumplir la misión de Dios.

Cuando el predicador se dirige a una congregación sabiendo que viene a ella, no con sus propias palabras y especulaciones, sino con un mensaje claro, procedente del corazón de Dios, hablará con confianza y se dejará oír la nota de autoridad. Dirá como Isaías: «Así dice el Señor: Ustedes, los cielos, ¡oigan! Y tú, tierra, ¡escucha!...» (Isaías 1:2 RVC). Por eso, ¡quien no tiene un mensaje de Dios no merece ser escuchado!

La predicación contemporánea, por sustituir las Escrituras, carece de autoridad. Millones de personas escuchan como mínimo un sermón cada semana, pero muy pocos salen convencidos que Dios les ha hablado y que la Palabra que han recibido está por sobre sus concepciones personales, sus ideales y propósitos de vida, por lo que necesitan ajustar su vida a las Escrituras. Sencillamente no notaron autoridad en la predicación.

Para que el evangelio resuelva el dilema de este mundo tiene que ser proclamado con autoridad y fidelidad. Muchos predicadores, en vez de declarar la Palabra autoritativa del Señor, pertinente para todos los tiempos y para todas las personas de todos los lugares, prefieren simplemente sugerir.

Hay que reconocer que la responsabilidad no es solamente del predicador, pues el hombre contemporáneo no toma en serio las Escrituras para su vida cotidiana. Muchos han convertido la Biblia en un accesorio que llevan al culto.

La cultura posmoderna, con su rechazo de los metarrelatos y la verdad absoluta, ve con sospecha las Escrituras porque no acepta vivir bajo autoridad. Sin embargo, la Biblia sigue reclamando su derecho de ser autoridad para la vida humana por cuanto es la voz poderosa de Dios. Además, cuando un predicador interpreta adecuadamente el texto bíblico y realiza una adecuada contextualización, ese texto antiguo cobra vida y se vuelve pertinente para cualquier época y contexto.

***Cuarto, la predicación contemporánea se ha secularizado***. Desafortunadamente, la iglesia está siendo influenciada por el secularismo y esto ha modificado la manera de predicar el evangelio.

Los "expertos" en iglecrecimiento opinan que el rechazo del hombre posmoderno hacia el evangelio se debe a que la predicación bíblica los confronta con su pecado; por eso surge la necesidad de presentar a Jesús como un ser más encantador, modificando su mensaje para que les resulte menos burdo y ofensivo.

Esta manera de pensar pervierte la misión de la iglesia. La gran comisión no es un manifiesto de mercadeo, por lo que el evangelismo no requiere de vendedores, sino de profetas que proclamen la Palabra de Dios, señalando el pecado del hombre y llamándolo al arrepentimiento. Pero muchos piensan que la predicación debe ser un show que tiene que sonar ameno, atractivo, humorístico, y que evite la confrontación.

Debemos reconocer que hay una relación entre la misión y la predicación, tal como lo afirma el obispo Castañeda:

La misión determina la predicación… Si nuestra misión es entretener gente, nuestra predicación será un espectáculo de entretenimiento. Si nuestra misión es simplemente reunir audiencias, nuestra predicación tendrá alto contenido de psicología de masas. Si nuestra misión es vender un producto religioso para sacarle dinero a la gente, nuestra predicación se basará en la mercadotecnia. Esto quizá responda al fenómeno de por qué algunos "predicadores de éxito" muestran desinterés por el estudio bíblico teológico, pero son expertos en mercadotecnia. Carecen de estudios bíblicos elementales, pero ostentan estudios de posgrado en marketing (MBA). Cualquier distorsión en la misión, producirá también distorsión en la predicación. (Castañeda, 2007, p. 24)

Una iglesia que olvida su misión naturalmente sacará a Dios de la predicación y se convertirá, aunque parezca absurdo, en una iglesia secular.

También la predicación se ha visto reducida por el hedonismo; por eso los predicadores procuran decirle a las personas lo que estas quieren oír para hacerles pasar un buen momento, en vez de decirles lo que necesitan oír. La predicación pareciera ser un elemento más en el programa de entretenimiento que ofrece el mercado religioso.

***Quinto, la predicación contemporánea ha producido una iglesia con poco conocimiento de Dios.*** La predicación define el carácter de una iglesia, que debe desarrollarse alrededor de las verdades bíblicas. La iglesia es el reflejo de la predicación.

Ya que la Biblia es la revelación de Dios al hombre, es a través de las Escrituras que se puede conocer a Dios. Y «detrás del concepto y el acto de predicar yace una doctrina de Dios, una convicción acerca de su ser, su acción y propósito. La clase de Dios en que creemos determina la clase de sermón que predicamos» (Stott, 1999, p. 88) y los sermones que se predican revelan al Dios en quien creemos. La predicación entonces juega un papel importante en dar a conocer a Dios a los hombres.

Horton sostiene que «la Biblia no comprende solamente información acerca de Dios, sino la presentación de Dios mismo. Por consiguiente, todo conocimiento de Dios que llegue a tener cualquier persona, tiene que descansar en las Escrituras» (Horton, 1996, pp. 62-63). Entonces, la predicación bíblica siempre llevará a las personas a tener un encuentro personal con Dios y un conocimiento más profundo de él. Pero como la predicación bíblica escasea, la iglesia carece de un conocimiento preciso de Dios.

Este desafío implica considerar seriamente la preparación de los predicadores del evangelio. Es triste admitir el poco conocimiento y dominio de la doctrina bíblica que reflejan predicadores bien intencionados. Es cotidiano el error de proclamar las percepciones personales de la fe por sobre las verdades del evangelio de Jesucristo.

La exégesis consciente y responsable ha pasado a ser un ejercicio anticuado e innecesario para los predicadores incautos que toman livianamente la responsabilidad de anunciar la Palabra de Dios. Ellos no entienden que el error es nocivo para los cristianos y que la verdad es la única que trae verdadera libertad (Juan 8:32), además de ser el único alimento que produce crecimiento y madurez espiritual (1 Pedro 2:2).

La situación se agrava cuando el diagnóstico indica que presentar un sermón que roza en lo trivial es lo que más gusta a los feligreses porque esta generación de cristianos no tiene tiempo para pensar la fe. El hedonismo ha avanzado tanto dentro de la iglesia que bastan las experiencias momentáneas que tranquilizan un poco el alma afligida y relegan a innecesaria la exposición seria y responsable de las Escrituras. Se reciben con gusto una miscelánea de ideas religiosas fabulosas más que un buen platillo sujeto a una dieta saludable. Como consecuencia, al pasar por la emoción de una experiencia sin fundamento sólido, no queda la fuerza para vivir una vida «digna del Señor», que produce las convicciones resultantes de una comprensión clara de la verdad y del encuentro con esa verdad, que es Jesucristo (Juan 14:6).

***Sexto, la predicación contemporánea ha formado una iglesia con un desconocimiento doctrinal.*** El conocimiento de las doctrinas básicas de la fe cristiana es indispensable para que la iglesia permanezca firme y se desarrolle saludablemente. Esto sucedió en la iglesia del primer siglo, de la que Lucas dice que «perseveraban en la doctrina de los apóstoles» (Hechos 2:42). Sin embargo, los cristianos de este tiempo, hijos de la era informática, saben de muchas cosas, menos de Dios y las Escrituras.

La razón es que ahora ya no se piensa la fe, sino que se busca una experiencia. Cuando las experiencias son auténticas, suman a la comprensión y el conocimiento de Dios. El criterio para discernir lo verdadero de lo efímero y falso es que esa experiencia sea coherente con las Escrituras. El problema es que muchos desconocen las Escrituras y así van integrando en su juicio experiencias erróneas que construyen un seudoevangelio.

Por otro lado, la experiencia es pasajera, mientras que la Palabra de Dios permanece para siempre. La experiencia no dura toda la vida y no es capaz de sostener la fe ante las crisis y las herejías.

Una iglesia que no tiene fundamentos doctrinales sólidos no tiene la capacidad de dialogar con la realidad que la rodea, no puede defender su fe y tampoco puede compartirla adecuadamente.

***Séptimo, la predicación contemporánea ha producido muchas conversiones superficiales***. Si la predicación «es la proclamación de la verdad divina a través de la personalidad humana para vida eterna» (Garvie, 1920, p. 9), entonces debe tener como meta persuadir a los oyentes a actuar de acuerdo con la verdad proclamada. Uno de los principales objetivos de la predicación es pues exponer la Escritura de modo fiel y apropiado de tal manera que Jesús sea revelado y comprendido para que las personas sean conducidas al encuentro con Él.

La iglesia es un agente de reconciliación entre el mundo y Dios (Romanos 5:8-11; 2 Corintios 5:18-20; Efesios 2:11-16; Colosenses 1:20, 21). Pablo dice que agradó a Dios salvar a los hombres a través de la «locura de la predicación» (1 Corintios 1:2). Sin embargo, una predicación deficiente no será capaz de mostrar a Dios a los hombres y, por consiguiente, no podrán conocerlo.

Para que el mundo se reconcilie con Dios, debe comprender claramente las Escrituras. En Hechos de los Apóstoles se puede apreciar la confirmación de tal declaración. Por ejemplo, en Pentecostés, Pedro predica con argumentos bíblicos y confronta a sus oyentes: «Sépalo bien todo el pueblo de Israel, que a este Jesús, a quien ustedes crucificaron, Dios lo ha hecho Señor y Cristo. Al oír esto, todos sintieron un profundo remordimiento en su corazón, y les dijeron a Pedro y a los otros apóstoles: Hermanos, ¿qué debemos hacer?» (Hechos 2:36-41 RVC).

Otro ejemplo extraordinario fue Esteban. Su predicación se basó en las Escrituras y su conclusión fue una confrontación al pecado:

¡Pero ustedes son duros de cabeza, de corazón y de oídos! ¡Siempre se oponen al Espíritu Santo! ¡Son iguales que sus padres! ¿A qué profeta no persiguieron? Mataron a los que antes habían anunciado la venida del Justo, el mismo a quien ustedes entregaron y mataron. Ustedes, que recibieron la ley por medio de ángeles, no la obedecieron. Cuando ellos oyeron a Esteban decir esto, se enfurecieron tanto que hasta les rechinaban los dientes. (Hechos 7:51-54 RVC)

En estos dos ejemplos, la Escritura deja claro que la evangelización implica una predicación bíblica que confronte el pecado y ofrezca la salvación.

Tristemente, la predicación actual parece que intencionalmente decide no confrontar el pecado, por lo que se corre el riesgo de tener conversiones superficiales. La práctica predominante en muchas iglesias es la de presentar un evangelio de oferta que parece un soborno. Es común que un predicador haga repetir una oración y que, por ese motivo, asuma que las personas recibieron a Jesús como Señor de su vida (sin que ellas necesariamente comprendan lo que esto implica).

Es imperativo que la iglesia revise las metodologías para compartir el mensaje de Dios; esencialmente necesitamos enfocarnos en el contenido para que toda predicación conduzca al encuentro con Dios.

# CAPÍTULO 2

# Fundamentos bíblicos de la predicación

Para describir los fundamentos bíblicos de la predicación, se analizarán modelos bíblicos que permitan identificar sus principios esenciales.

## 2.1 El ministerio profético como predicación

El ministerio profético fue determinante en el proceso de revelación de Dios a la humanidad. Los profetas fueron como la boca de Dios en el mundo. Por eso, el ministerio del profeta puede describirse en dos partes: «Recibir de Dios una revelación y comunicar el mensaje que Dios le había dado; lo que podríamos llamar predicación» (Wood, 1983, p. 69). Los profetas fueron esencialmente mensajeros de Dios.

Los profetas se distinguieron por ser los voceros de Dios en circunstancias específicas, y correctamente se los puede llamar «los grandes predicadores del Antiguo Testamento. Lo interesante de esto es que el ministro del Nuevo Testamento corresponde, no al sacerdote, sino en todos los aspectos, al profeta del Antiguo Testamento» (Broadus, 1930, p. 14).

Esta perspectiva es importante para entender la naturaleza de la predicación porque define al predicador como el vocero de Dios en este tiempo. El predicador es la persona que Dios ha elegido como portador de su Palabra, es quien anuncia su voluntad y propósitos para este mundo. La predicación no es entonces un discurso religioso, sino la comunicación de un mensaje de parte de Dios.

También los profetas jugaron un papel importante en la vida espiritual del pueblo de Dios porque fueron guías que marcaban la pauta de la espiritualidad y conducta de un pueblo que constantemente se descarriaba de la ley divina. Los profetas tuvieron la capacidad de percibir la voluntad de Dios y mostraron el camino correcto a seguir.

El predicador, al igual que el profeta, debe conocer bien a Dios, debe entender sus pensamientos y voluntad para la situación particular de aquellos a los que Dios le ha enviado a hablar. Debe tener discernimiento para comprender el contexto espiritual, social, económico y político de los destinatarios del mensaje de Dios.

Esta exigencia de la predicación hace imperativa la observancia del ministerio profético (entendido como predicación) y la identificación de las características sobresalientes que orientan el ministerio de la predicación bíblica contemporánea, pues los predicadores son los profetas contemporáneos, quienes hablan de parte de Dios a hombres y mujeres de este tiempo.

***Los profetas tenían compromiso con la verdad.*** Los profetas se caracterizaron por su compromiso con la verdad porque eran llamados por Dios a hablar en su nombre. Bajo esta premisa, ellos no podían negociar ni alterar el mensaje recibido; hacerlo hubiera sido incurrir en la falsedad.

En las Escrituras hay evidencia del llamado de Dios a los profetas y de la responsabilidad de proclamar la verdad. Por ejemplo, Moisés (Éxodo 3:4), Isaías (Isaías 6:1), Jeremías (Jeremías 1:5), Amós (Amós 7:14, 15), entre otros. Este llamado explica la razón de las fórmulas proféticas, tales como: «Dijo Jehová», «Así dice el Señor», «Palabra de Jehová que vino» y otras que muestran que los profetas hablaban de parte de Dios. De hecho, un término relacionado a la figura del profeta es el hebreo *nabí,* que significa «uno a quien le es comunicado el mensaje de Dios para su proclamación… Uno a quien y por medio de quien habla Dios» (Vine, 1984, p. 706). Dios confió su mensaje a los profetas, por lo cual se requería de ellos un compromiso con la verdad. Stott afirma que «la característica esencial del profeta no era que predecía el futuro, ni que interpretaba el presente, sino que hablaba la Palabra de Dios» (Stott, 1996, p. 8).

Este llamado a hablar en nombre de Dios era precisamente lo que les daba autoridad. Los falsos profetas lo eran porque Dios no los llamaba y tampoco les daba un mensaje; por consiguiente, no tenían autoridad para hablar. Hablaban lo que se les cruzaba en la mente o les salía del corazón (Jeremías 14:14; 23:25-32; 28:15). En muchos casos, dieron mensajes que los reyes querían escuchar. No así los verdaderos profetas, quienes hablaron la Palabra de Dios, aun cuando eso les causó persecución, maltrato y hasta la muerte.

Los predicadores contemporáneos están llamados a ser profetas actuales porque deben hablar en nombre de Dios y transmitir su voluntad revelada en la Biblia. El profeta no hablaba en nombre propio: hablaba las palabras de Dios. Este es el reto del predicador contemporáneo: tener un alto compromiso con la verdad (revelada en las Escrituras), de modo que pueda decir con certeza que tiene un mensaje de Dios y que sus oyentes reconozcan que Dios les está hablando.

***Los profetas predicaron para gestar una reforma espiritual.*** El compromiso con Dios y sus congéneres condujo a los profetas a promover una reforma en el pueblo con el fin de que se volvieran a Dios y ajustaran su conducta a la voluntad divina. Muchas veces su mensaje tenía el propósito de confrontar el pecado para que se arrepintieran. Por eso, «las palabras de los profetas eran severas, de reproche y de castigo. Leer esas palabras aún hoy es un choque de emoción» (Cate, 1990, p. 258). Los profetas nunca hablaron ambigüedades, sino la voluntad de Dios para personas, situaciones y pecados específicos. Esta tarea incluía tanto el plano social como el religioso, pues a Dios le interesa la persona completa y su propósito es señorear toda la vida humana.

Buena parte del contenido de la predicación de los profetas estaba dirigido contra la práctica de una falsa espiritualidad. En más de una ocasión, Israel se descarrió de la voluntad de Dios y necesitó de una voz profética que los confrontara con sus pecados de idolatría y los guiara hacia el Dios verdadero. Este mensaje era dirigido al pueblo y a los líderes religiosos y políticos.

Muchas veces Israel redujo la espiritualidad a rituales o a una religiosidad superficial. Otras veces cedieron a la idolatría; en ese estado de apostasía, los profetas fueron el medio que Dios usó para llamarlos al arrepentimiento. Por eso, puede decirse que el profeta «era una persona encargada de dar la voz de alarma en caso de peligro espiritual» (Wood, 1983, p. 79). Eran quienes alertaban al pueblo del peligro de vivir lejos de Dios.

Los profetas fueron como centinelas que señalaban la conducta inicua. Ezequiel tipifica esta característica cuando Dios le dice: «Hijo de hombre, yo te he puesto por atalaya a la casa de Israel; oirás, pues, la palabra de mi boca, y los amonestarás de mi parte» (Ezequiel 3:17 RV60). Jeremías también veló por la condición espiritual de Israel y al ver el mal proceder declaró las demandas del Señor (Jeremías 14:17, 20, 21).

Los predicadores juegan un papel profético que tiene como fin corregir el proceder de los hijos de Dios y señalar los pecados que la iglesia comete, ya sean de comisión u omisión. Sin embargo, los predicadores contemporáneos parecen haber olvidado esta función importante. El pecado es un tema abandonado en el púlpito. Hay una tendencia a ser tolerantes y complacientes con el pecado.

Cada vez más la condición de la iglesia y del mundo exige predicadores que promuevan una reforma espiritual.

***Los profetas señalaron el pecado social.*** Las Escrituras testifican de muchos profetas que alzaron su voz en contra de las injusticias sociales y advirtieron de un castigo inminente si sus destinatarios no se arrepentían. Por ejemplo, Amós clama contra los que oprimen a los pobres y quebrantan a los menesterosos diciendo:

> Ustedes, vacas de Basán, que están en el monte de Samaria; que oprimen a los pobres y quebrantan a los menesterosos; que ordenan a sus esposos llevarles vino para embriagarse, oigan esta palabra: El Señor ha jurado por su santidad: Vienen días en que ustedes serán arrastradas con ganchos, y sus descendientes con anzuelos de pescador. Saldrán en fila por las brechas una tras otra, y serán expulsadas del palacio. (Amós 4:1-3 RVC)

Esta advertencia buscaba el arrepentimiento de la nación.

El mensaje contra la injusticia social incluía a los líderes políticos. Isaías dice: «¡Ay de los que dictan leyes injustas para prevenir de justicia a los pobres y para quitar el derecho a los afligidos de mi pueblo; para despojar a las viudas y robar a los huérfanos!» (Isaías 10:1, 2 RV60). Los líderes políticos deben velar por la justicia y no usarla para sus fines egoístas; de lo contrario, sus actos desatan la ira de Dios. Por eso, Jeremías en su predicación amonestó a los reyes para que hicieran justicia, que liberaran al oprimido de manos del opresor, que no engañaran ni robaran al extranjero, ni al huérfano, ni a la viuda, y que no derramaran sangre inocente (Jeremías 22:3). Esto demuestra que el pecado social nunca pasó desapercibido delante de Dios.

Oseas también se une a los profetas en favor de los desposeídos y marginados sociales, para quienes demandó justicia y misericordia. Los nobles habían aumentado sus posesiones despojando a los pobres; los gobernantes, los príncipes, los jueces, los sacerdotes y falsos profetas estaban construyendo para sí verdaderas mansiones lujosas a costa de la explotación y la estafa (Oseas 4).

Es interesante notar que la predicación de los profetas no se limitó al aspecto religioso; su mensaje no quedó "encarcelado" en el templo, sino que abarcó también el aspecto social, salió por las calles, corrió por las plazas y llegó hasta las sillas del poder político. El mensaje de Oseas y de otros profetas más era una protesta en contra de las estructuras sociales, políticas y religiosas injustas que dañaban a toda la nación. Esto refleja el interés de Dios de que hombres y mujeres vivan en una sociedad justa, donde se respete la vida humana, los derechos y la libertad. Dios es soberano, pero no impone su poder. Deja al hombre que haga uso de su libre albedrío. Si Dios, siendo soberano, no somete a sus criaturas, ¿podrán los hombres que tienen poder temporal abusar de los demás? ¿Tendrá Dios un mensaje para los gobernantes corruptos y líderes religiosos amantes de sí mismos en estos tiempos? La respuesta es un contundente sí.

En Romanos 13:1-7, Pablo presenta a los gobernantes desde la perspectiva divina: los gobernadores también son siervos de Dios: «Porque no hay autoridad sino de parte de Dios, y las que hay, por Dios han sido establecidas» (v. 1), «porque es servidor de Dios para tu bien» (v. 4). Este pasaje permite pensar que si Dios es quien pone las autoridades, entonces estas no deben actuar al margen de su voluntad. Es decir, los gobernantes responden a los propósitos de Dios. Desde este punto de vista, están sujetos a ser reprendidos por Dios cuando su manera de proceder esté equivocada. Por tanto, Dios tiene un mensaje para los líderes políticos, que ha de proclamarse a través de una predicación bíblica, que confronte el pecado y a la vez señale la manera correcta de ejercer el poder.

En conclusión, los profetas reprendían al pueblo por sus pecados, lo exhortaban al arrepentimiento y lo instruían en los deberes religiosos, morales, personales y sociales. Cuando predijeron el futuro, lo hicieron en forma de amonestación o consejo para llamar al arrepentimiento y el servicio amoroso a Dios. Los profetas eran grandes predicadores que hablaban el mensaje de Dios tanto al pueblo como a los líderes políticos. Por tanto, la predicación bíblica debe instruir a los creyentes en la vida espiritual, social y política, pues Jesucristo es Señor de todo y su voluntad ha de ser proclamada en todas las áreas de la vida humana.

## 2.2 La predicación de Jesús como modelo por excelencia

La predicación es parte intrínseca de la misión de la iglesia porque el mismo fundador de la iglesia fue un predicador. En efecto, Jesús se define como un predicador e interpreta que el Espíritu Santo ha venido sobre él para «predicar el año agradable del Señor» (Lucas 4:18, 19). Por eso «recorría todas las ciudades y aldeas, predicando el evangelio del reino» (Mateo 9:35).

Jesús es la figura central de la predicación y quien constituye el paradigma por excelencia para los predicadores de hoy. Hay características de su predicación que son medulares en el desarrollo efectivo de una predicación bíblica contemporánea.

*La predicación de Jesús se caracterizó por su autoridad.* Al considerar esta declaración en el contexto judío donde Jesús desarrolló su predicación, hay que advertir que «nada tenía autoridad si no estaba santificado por el paso del tiempo, menos podía establecerse algo como verdad si no tenía la acumulación de muchas opiniones antiguas» (Stein, 2006, p. 85). Pero cuando Jesús predicaba, hablaba «como quien tiene autoridad» (Mateo 7:29; Lucas 4:36), y constantemente estaba desafiando la tradición con la frase «oísteis que fue dicho, pero yo os digo» (Mateo 5:43, 44). La predicación de Jesús no dependía de las tradiciones, sino del hecho de que hablaba lo que había oído del Padre (Juan 12:49, 50).

La autoridad con la que predicaba Jesús se fundamentaba, en primer lugar, en la fuente de su predicación: las Sagradas Escrituras (Marcos 2:25, 26; 10:5, 9). En segundo lugar, en la congruencia entre lo que decía y demostraba. En tercer lugar, en las señales que hacía, que daban testimonio de que tenía una autoridad que los demás escribas no tenían (Marcos 1:22). Esta autoridad también le permitía confrontar el pecado espiritual, social y religioso de su tiempo. Constantemente corrigió algún error o mala práctica de la ley de Moisés, confrontó la hipocresía de los líderes religiosos, y señaló la injusticia de los que ostentaban el poder y marginaban a los demás. También confrontó a los ricos injustos, quienes creían tener el favor de Dios y miraban al pobre como un desventurado.

Para Jesús, la autoridad no es imponer ideas y controlar la conciencia de las personas; tampoco es gritar, ridiculizar u ofender a los demás. Por eso su autoridad nunca oscureció su cortesía. Nunca reprochó algo con amargura, y todo lo que dijo daba testimonio de su amor. Hablaba la verdad sin intención de herir. Cuando confrontaba el pecado era porque quería restaurar, pues venía a reconciliar al hombre con Dios.

Por eso, en la predicación, la autoridad depende de la fuente de donde procede el mensaje que se está comunicando. Jesús dijo que hablaba las palabras que había oído pronunciar al Padre (Juan 5:19; 12:49), las que ahora están registradas en los Evangelios. Por eso, un predicador fiel a la Escritura será respaldado por Dios y sus oyentes notarán que tiene autoridad, dado que habla un mensaje de parte de Dios. Por tanto, la predicación apegada a la Palabra de Dios goza de una autoridad natural.

En el contexto de la cultura posmoderna, es importante reconocer que la Biblia es la Palabra de Dios, es decir: hay una autoridad que le es innata, natural, por cuanto procede del Señor del universo. A la vez, al ser consciente del rechazo de la verdad absoluta, el predicador debe demostrar que la Biblia es pertinente porque tiene respuestas para las inquietudes del hombre contemporáneo. Y eso se logrará con una exégesis responsable y una correcta contextualización.

*La predicación de Jesús fue holística.* Es decir, fue una predicación dirigida a la persona completa; Jesús dio valor a la dignidad de las personas y por eso su mensaje estaba dirigido a todas las áreas de la vida humana. No se limitó a predicar una salvación para el espíritu o el alma, sino que incluyó la salvación para el cuerpo mediante las sanidades, y ministró los aspectos sociales y emocionales de las personas. El Espíritu Santo había venido sobre Él para sanar a los quebrantados de corazón, para pregonar libertad a los cautivos, para dar vista a los ciegos y poner en libertad a los oprimidos (Lucas 4:18).

También dio valor a los individuos por sobre las estructuras religiosas y sociales. Por eso ayudó a la mujer adúltera, a un cobrador de impuestos odiado por sus compatriotas, a un oficial romano que buscaba la sanidad de su sirviente, a muchos endemoniados y otros con necesidades físicas. Para Jesús, toda la persona es importante.

*La predicación de Jesús anunciaba la llegada del reino de Dios.* La predicación de Jesús se centró en el anuncio y la manifestación del reino de Dios. Los evangelistas resumieron el contenido de su mensaje diciendo: «El tiempo se ha cumplido y el reino de Dios se ha acercado; arrepentíos y creed en el evangelio» (Marcos 1:15). Tal idea se encuentra por lo menos ochenta y siete veces en los Evangelios. Por tanto, su importancia se pone de relieve. «Jesús enseñó que con su ministerio, el reino de Dios se había hecho realidad en la época presente, pero apuntando a una esperanza futura» (Stein, 2006, p. 153).

La llegada del reino de Dios que predicaba Jesús invitaba a todo ser humano a aceptar la soberanía, el poder y la autoridad de Dios. Por eso, el reino de Dios «no se refiere precisamente a un reino territorial en el presente ni a un reino escatológico en el futuro, sino al poder de Dios en acción» (Padilla, 2009, p. 18).

Algunas ideas populares han reducido el reino de Dios a una utopía, a algún establecimiento de la paz en la tierra por esfuerzos humanos. Por ejemplo, para Albrecht Ritschl, el reino de Dios significa «la organización de la humanidad por medio de la acción inspirada en el amor» (Zaldívar, 2006, p. 79). Otros creen que consiste «en la liberación humana que se realiza dentro de la historia y en la redención del hombre por la lucha de clases» (Zaldívar, 2006, p. 79). Sin embargo, el reino o gobierno de Dios no viene por decisión y obra humana: viene con el establecimiento de la voluntad de Dios en hombres y mujeres que voluntariamente y en fe lo reciben y viven bajo su gobierno de amor, justicia, paz y equidad.

Este concepto reconoce a Jesucristo como el único *kyrios* o Señor de la creación. El reino de Dios es entonces la manifestación del gobierno amoroso y pacífico de Dios. De este modo, los cristianos se constituyen en testigos de tal reino en el mundo; la sociedad debe conocer a los cristianos, no solo por las prácticas religiosas, sino por la promoción de la justicia, la honestidad, la reconciliación y la paz en este mundo como signos del reino de Dios, principios y valores que pueden comunicarse a través de una predicación bíblica.

Jesús se caracterizó por predicar con autoridad, por tener un mensaje inclusivo y holístico. Su propósito era establecer su reino. La predicación de Jesús buscaba transformar a los hombres y su condición, reconciliándolos con Dios e invitándolos a ser parte del reino que anunciaba.

## 2.3 Pablo, el predicador cristocéntrico

Un tercer modelo de predicación es el desarrollado por el apóstol Pablo, quien identificó la predicación como una de las tareas que definían su ministerio (1 Corintios 1:48). Afirmaba que para eso lo había llamado Jesucristo, a tal punto que predicar se convirtió en una necesidad imperante para él. Además, estaba consciente de que era la forma designada por Dios para que los pecadores escucharan sobre el Salvador y lo invocaran para salvación (Romanos 10:14; 1 Corintios 1:17; 9:16).

Pablo fue un gran predicador; afirmó que «desde Jerusalén y por los alrededores hasta el Ilírico he predicado en toda su plenitud el evangelio de Cristo» (Romanos 15:9 LBLA). Por esta razón, en sus últimos días encargó solemnemente a Timoteo que sobre todo predicara con excelencia (2 Timoteo 4:15).

El legado del ministerio de Pablo permite considerarlo como una autoridad en la predicación, alguien de quien hay que aprender.

***Pablo fue un predicador bíblico.*** En Gálatas 1:11, 12, Pablo afirma que no aprendió el evangelio porque alguien se lo hubiera enseñado, sino porque Jesucristo se lo reveló. Sin embargo, esto no le dio razón para tener una versión propia del evangelio. Al contrario, se preocupó por demostrar a sus oyentes cómo el evangelio que predicaba estaba en conformidad con las Escrituras (1 Corintios 15:3, 5).

En sus escritos hay setenta y seis citas formales —introducidas por la fórmula «está escrito» o «dice la Escritura»— que muestran la conexión que tenía el evangelio que predicaba con lo que las Escrituras decían. El hecho de que Pablo argumentara su predicación con la Escritura le concedía una autoridad que exigía una actitud reverente de parte de sus escuchas, especialmente los judíos, que tenían toda una tradición basada en las Escrituras.

Pablo creía que «toda la Escritura es inspirada por Dios, y útil para enseñar, para redargüir, para corregir, para instruir en justicia, a fin de que el hombre de Dios sea perfecto, enteramente preparado para toda buena obra» (2 Timoteo 3:16 RV60); por eso debía predicar solo lo que estuviera de acuerdo con esa Palabra. Y como toda la Escritura apunta a Cristo, naturalmente predicaba a Jesucristo (1 Corintios 2:2). Desde la propuesta paulina, todo sermón debe ser sostenido con argumentos bíblicos.

***Pablo fue un predicador cristocéntrico.*** Pablo siempre predicó a Jesucristo por cuanto él es el centro de toda la Escritura. En la cristología paulina podemos percibir su devoción por Jesucristo. Y no es de extrañar que tal devoción fuera el resultado de encontrarse personalmente con Jesucristo en el camino a Damasco. Para Scout,

> Pablo era tan leal a la mente de Jesús como lo vemos en los cuatro Evangelios que si no tuviésemos estos documentos, todavía podríamos saber cómo era la persona de Jesús, cuáles eran las verdades esenciales de sus enseñanzas, su crucifixión, su resurrección y su presencia continua entre los creyentes. (Scout, 1988, p. 107)

Por eso podemos afirmar que Pablo fue un predicador cristocéntrico. Es la persona y obra de Jesucristo el centro de la predicación paulina. Elocuentemente, Pablo muestra lo que Dios hizo en Cristo, quien voluntariamente se humilló a sí mismo y se sometió a ser crucificado por aquellos a quienes vino a salvar; al ser levantado de entre los muertos, el Padre lo exaltó hasta lo sumo (Filipenses 2:5-11).

Aun cuando Pablo pudo predicar basado en filosofías de su época, que por cierto conocía, decidió no saber nada, sino a Cristo y este crucificado (1 Corintios 2:1-5). Pablo entonces se centró en la muerte y resurrección de Jesucristo porque, sin ello, el evangelio no tiene sentido. Fue este mensaje centrado en Jesucristo el que transformó el mundo en el que Pablo predicó.

***Pablo anunciaba la llegada y manifestación del reino de Dios.*** Al igual que Jesús, Pablo tenía como horizonte de su predicación la llegada del reino de Dios entre los hombres. Hechos 19:8 dice: «Y entrando Pablo en la sinagoga, habló por espacio de tres meses, discutiendo y persuadiendo acerca del reino de Dios». Este es uno de los muchos pasajes que revelan que Pablo anunciaba y manifestaba la llegada del reino, liberando a todos aquellos que estaban bajo la «potestad de Satanás» para trasladarlos al «reino de la luz» (Hechos 26:18). Por eso Pablo considera que el evangelio es poder de Dios para salvación (Romanos 1:16) y realiza su ministerio exactamente de la misma manera que Cristo lo hizo. Predicó el único mensaje que nos es dado predicar: el evangelio del reino de Dios.

El hecho de proclamar la llegada de un reino exigía la existencia de un gobierno o de un rey. Para Pablo, predicar el evangelio del reino era presentar a Jesús como Señor de todo el mundo. Esto implica que la voluntad de Dios debe hacerse en todas las áreas de la vida humana. Era de esperar entonces que tal predicación tuviera reacciones y produjera cambios en aquella sociedad pagana. He ahí la siguiente característica de la predicación paulina.

***Pablo predicó para gestar una transformación social.*** Como predicador, Pablo fue llamado a reconciliar a la humanidad con Dios. Lo expresó claramente en 2 Corintios 5:19, 20: «A nosotros nos encargó el mensaje de la reconciliación. Así que somos embajadores en nombre de Cristo, y como si Dios les rogara a ustedes por medio de nosotros, en nombre de Cristo les rogamos: Reconcíliense con Dios» (RVC).

Esta reconciliación concede a los seres humanos nacer de nuevo: «De modo que si alguno está en Cristo, nueva criatura es; las cosas viejas pasaron; he aquí todas son hechas nuevas» (2 Corintios 5:17 RV60). Esta nueva realidad concedía a toda persona una nueva relación con Dios que daba como resultado una nueva humanidad.

El concepto que Pablo utiliza para la predicación es elocuente y define claramente los resultados de una predicación bíblica. Pablo cree que a través de la predicación, la humanidad puede ser dignificada, dado que toda persona puede ser alcanzada por el evangelio. En la mente de Pablo, «ser alcanzado por el evangelio… quiere decir… adorar al Dios vivo y convertirnos en seres humanos más completos para así reflejar a Dios» (Wright, 2002, p. 165). En Romanos 1 y 2, Pablo confronta a los gentiles idólatras denunciando la autodestrucción de su propia humanidad. Porque

el mundo pagano, aunque conoce a Dios… opta por adorar imágenes de pájaros, animales y reptiles. Consecuentemente (como los humanos se acaban pareciendo a lo que adoran: esta es una ley espiritual básica), poco a poco dejan de gozar una humanidad plena y verdadera, que es reflejo de Dios. Y en cambio, reflejan todos los signos de una humanidad que vive en el límite (Romanos 1:29-31). (Cothenet, 1997, p. 123)

Finalmente, la iglesia es agente de transformación porque es portadora de un evangelio que «revela la justicia de Dios», y si a la iglesia se le ha encomendado y autorizado anunciar ese evangelio, no puede contentarse con la injusticia, la opresión y la violencia que acechan al mundo de Dios. Para Pablo, el reino de Dios no es un asunto de hablar, sino que es poder (Romanos 1:16) que transforma a las personas y a las estructuras sociales donde viven y se desarrollan.

Según Pablo, la predicación de la Palabra de Dios es indispensable para la reconciliación del ser humano con su creador. También tiene el poder de transformar las comunidades porque es viva y eficaz (Hebreos 4:12), además de «inspirada por Dios, y útil para enseñar, para redargüir, para corregir, para instruir en justicia» (2 Timoteo 3:16 RVC). De ahí que pueden observarse en la historia, efectos sociales positivos gestados por la predicación bíblica.

# CAPÍTULO 3

# El poder transformador de la predicación

Por cuanto la predicación es la revelación y manifestación de Dios, naturalmente es poderosa y ejerce un poder transformador en todo aquel que la escucha. Además, debemos reconocer que la predicación forma a las personas de acuerdo con los principios bíblicos y esa nueva cosmovisión genera una nueva conducta que resulta en una nueva sociedad.

Jesús dedicó mucho tiempo a la predicación y envió a los discípulos a predicar porque sabía del poder transformador que había en la proclamación pública de las Escrituras. Lucas registra en Hechos de los Apóstoles cómo los discípulos lo hicieron. Tal predicación fue aprobada y respaldada por Dios por medio de milagros, sanidades y liberaciones de personas atadas por el diablo, de modo que después de eso, el mundo ya no fue el mismo.

El evangelio es poder de Dios en acción a favor del hombre (Romanos 1:16). Por eso no se puede ignorar el impacto que la predicación de ese evangelio ha tenido en todos los aspectos de la vida humana y en los sistemas sociales.

En Hechos de los Apóstoles vemos que los primeros predicadores del evangelio eran vistos como trastornadores del mundo. ¿Qué produjo semejante impacto? Según la evidencia bíblica, fue el contenido. Los discípulos llevaron al mundo el mismo mensaje que Jesús había anunciado: la llegada del reino de Dios (Mateo 3:2; 4:17; 10:7; 11:12; 12:28; Lucas 10:9; 11:20; 16:16; 17:21). Pero ¿qué significa la llegada del reino de Dios? ¿Qué implicaciones tiene en la predicación bíblica?

En primer lugar, cuando la Biblia menciona que el reino de Dios fue el contenido de la predicación de Jesús y de los primeros discípulos, no se puede ignorar que el reino de Dios «siempre se refiere al señorío, al gobierno y autoridad de Dios sobre todo (Salmos 103:19; Mateo 6:10, 23)» (Ladd, 1974, p. 21). Es decir, proclamar el reino de Dios era invitar a hombres y mujeres a aceptar el señorío de Jesús, lo cual implicaba una nueva relación con Dios, con uno mismo, con los demás y con la creación. En consecuencia, la predicación implicó una profunda transformación social. Por eso, la predicación es un medio que Dios usa para modificar la conducta equívoca y nociva de los seres humanos y para orientarlos a vivir según los valores del reino de Dios. Consecuentemente las vidas transformadas producirán cambios en las sociedades donde se desenvuelven.

En segundo lugar, la predicación del reino exigía compartir lo que Jesús había enseñado; naturalmente, sus resultados serían diferentes de los que producían los sistemas sociales infestados por el pecado y las religiones institucionalizadas y estériles de aquella época.

El anuncio del reino de los cielos exigía un nuevo orden social en el que la igualdad, la armonía, la libertad y el amor fuesen las máximas expresiones de convivencia humana, y en el que el servicio fuese un privilegio y no una posición ventajosa para sacar provecho de los demás y explotar a los débiles.

El reino que Jesús proclamó implica una serie de relaciones nuevas en las dimensiones vertical y horizontal. Una nueva realidad de vida que gesta una comunidad en la cual el Creador y la criatura viven en armonía, y tal relación se extiende en el trato de los unos con los otros. Obviamente esta nueva manera de vida crea una nueva humanidad y esta nueva humanidad crea una nueva sociedad. Era inevitable que tal predicación impactara y produjera cambios sociales en el mundo del primer siglo.

El reino de Dios se manifiesta mediante la iglesia porque «la iglesia es una nueva comunidad creada por Dios… una expresión del reino de Dios. En ella y dentro de ella podemos ver lo que Dios ha preparado para el ser humano» (Lukasse, 1989, p. 14). Y en este sentido cobra importancia la predicación bíblica como medio para el desarrollo de la iglesia y la transformación de las comunidades; la predicación efectiva de la Palabra de Dios «presentará una norma clara de valores» por los que «los individuos puedan hacer decisiones y orientar sus vidas, y así traigan el poder redentor de Cristo sobre la sociedad» (Lukasse, 1989, p. 17).

Jesús comparó el efecto del reino de Dios con la levadura que leuda toda la masa (Lucas 13:20, 21). Y la iglesia, siendo agente del reino, no puede «estar en el mundo sin afectarlo porque la iglesia ha sido equipada y convocada para transformar la vida humana en todas sus dimensiones, personal y comunitaria. La iglesia es un agente de transformación espiritual y social en su comunidad, producto del evangelio que predica» (Padilla, 2003, p. 21). Es interesante notar que es la Palabra de Dios la que el Espíritu Santo utiliza para cambiar la vida de hombres y mujeres.

La predicación entonces tiene dos campos de acción transformadora: la iglesia y la sociedad.

## 3.1 El poder transformador de la predicación en la iglesia

En Hechos 6, Lucas informa que los apóstoles dieron prioridad al ministerio de la predicación (v. 4) pues era aquello para lo que Jesús los había llamado (Marcos 3:14; Mateo 28:19; Lucas 24:47). Ese fue el motivo por el cual le dieron un lugar prominente en el ministerio que desarrollaron. Como consecuencia, la iglesia creció y produjeron un impacto profundo en el mundo, a tal grado que fueron considerados como creadores de una nueva cultura; en palabras de Lucas, eran vistos como «los que trastornan el mundo entero» (Hechos 17:6).

Este "trastornar" comenzó dentro de la iglesia con la llegada del Espíritu Santo, que dinamizó a los discípulos para que fueran por todo el mundo predicando y manifestando la llegada del reino de Dios a los hombres. Esto exigía una transformación total y continua del individuo y de la sociedad porque invitaba al arrepentimiento y a la conversión.

Una lectura somera del libro de los Hechos permite comprender que el crecimiento y desarrollo de la iglesia estuvo supeditado a la enseñanza y predicación de los apóstoles. Lo sorprendente es que los efectos transformadores de tales enseñanzas no se limitaron a la iglesia como comunidad de fe, sino que se extendieron al vecindario, e incluso afectaron las estructuras sociales y religiosas de la época. Veamos cómo fue el impacto transformador de la predicación en la iglesia.

### 3.1.1 Una iglesia sólida en su fe

Una iglesia sin fundamentos sólidos en su fe es peligrosa, es un fermento de herejías que pueden conducir a muchos a la condenación. Además, produce una religión sincretista, distorsionada y dañina que puede convertirse en «el opio del pueblo», como sucedió en la Edad Media.

La iglesia del primer siglo pudo superar los embates que el mundo le presentó porque su fe estaba bien fundamentada (1 Pedro 3:15).

Aquellos cristianos tenían un conocimiento claro de las Escrituras (Antiguo Testamento) y las enseñanzas de Jesucristo, las cuales proclamaban, defendían y vivían con ahínco.

En los escritos apostólicos hay evidencia de la preocupación que guardaban los líderes al respecto de que los nuevos discípulos conocieran los fundamentos de la fe y práctica cristianas. Es interesante saber que los líderes de la naciente iglesia tenían una mayor preocupación por mantener una doctrina sana que por el crecimiento numérico de las congregaciones. Sabían que la piedad está condicionada por el entendimiento de las Escrituras y que no se puede llevar una vida consagrada y fructífera sin entender los conceptos básicos del evangelio. El crecimiento de las iglesias locales fue determinado por la predicación y enseñanza del evangelio pues la salud y el desarrollo de la iglesia están condicionados por la predicación.

La verdad bíblica predicada conduce al conocimiento de Dios, tanto conceptual como relacional, es decir, no se trata simplemente de saber algo de Dios, sino de conocer a Dios y caminar en su voluntad. En las Escrituras están declarados su carácter, persona y propósitos para el mundo, así como para cada individuo.

La manera en que los apóstoles cumplieron la asignación divina de la predicación presenta un desafío para los predicadores del presente siglo bajo dos premisas. En primera instancia, la responsabilidad de la instrucción doctrinal hacia los creyentes no es de los institutos bíblicos o teológicos, sino de los predicadores. Esta tarea implica una preparación sistemática y continua de aquellos que han respondido al llamado de proclamar el mensaje de Dios. Seguidamente, la calidad de la predicación establece un parámetro para el desarrollo de las iglesias, dado que las enseñanzas de Jesús y de los apóstoles son el fundamento sobre el que se debe edificar la iglesia en todo tiempo y lugar (1 Corintios 3:11; Efesios 2:20). Las Escrituras «forman el fundamento del pensamiento, el carácter y la práctica cristiana» (Mariscal, 1996, p. 9). Por consiguiente, todo crecimiento en la vida cristiana viene como resultado de un mayor y más profundo conocimiento de las Escrituras, el cual puede obtenerse mediante la predicación bíblica. La calidad de la predicación determina la calidad de vida que desarrollan los miembros de las iglesias.

Es sabido que la alimentación es fundamental en el desarrollo del ser humano y lo mismo sucede en la vida espiritual. La iglesia es alimentada por la Palabra de Dios, especialmente en la predicación.

Finalmente, la predicación bíblica que tiene un alto contenido doctrinal lleva a las personas a un encuentro personal con Dios, y quien se encuentra con Dios experimenta transformación.

Los predicadores deben prestar atención a las palabras de Spurgeon: «Los sermones deben contener una enseñanza real y su doctrina debe ser sólida, sustancial y abundante. Apelaciones entusiastas que conmuevan son excelentes, pero si no están respaldadas por la instrucción son un esfuerzo abortado, pólvora consumida y no un disparo enviado al corazón» (Spurgeon, 1982, pp. 72-73). La razón es que la sana doctrina es la mejor protección contra las herejías que causan confusión y muerte espiritual, aun en los cristianos más sinceros.

### 3.1.2  *Una iglesia saludable*

No hay ningún otro antídoto para cualquier enfermedad espiritual ni un mejor alimento para la salud de la iglesia que la Palabra de Dios. Es ella la que provee crecimiento saludable y madurez espiritual, la que restaura, fortalece, da esperanza, consuelo y dirección.

Los grandes avivamientos espirituales han surgido por la predicación responsable de las Escrituras. Pero esos avivamientos han tomado matices oscuros cuando las Escrituras fueron subordinadas a las manifestaciones de dicho avivamiento espiritual. Esto se debe a que la Palabra de Dios no puede ser sustituida por nada, ni siquiera por la obra del Espíritu Santo, puesto que las Escrituras y el Espíritu Santo obran sincronizados.

Los males que aquejan a las congregaciones locales son el reflejo de una deficiente salud espiritual, consecuencia de la falta de una dosis bíblica adecuada. Por eso el predicador contemporáneo debe entender que cuando una congregación llegue a respetar y valorar la Palabra de Dios estará dispuesta a renunciar a cualquier argumento y pecado si la Biblia así se lo demanda. Por eso, el predicador tiene la herramienta dada por Dios para renovar el entendimiento de su congregación y transformar sus vidas.

La predicación entonces ayuda a mantener la salud espiritual de la iglesia, preservándola del error y orientándola a la verdad. Solamente así podrá la iglesia estar en condiciones de cumplir su misión transformadora en este mundo, pues la Palabra de Dios nutre, dirige, establece, anima y equipa a la iglesia para que cumpla efectivamente su misión. Sin la Palabra y el Espíritu Santo, quien hace viva la Palabra predicada, no habría un solo creyente en Dios y, consecuentemente, el mundo estaría peor y sin esperanza.

### 3.1.3  Una iglesia eficiente en la misión de Dios

La iglesia fue llamada por Dios para hacer discípulos en todo el mundo. En el cumplimiento de este mandato, la predicación tiene relevancia porque «hacer discípulos es el producto de un principio: la predicación seria de la Palabra de Dios» (Cueva, 1995, p. 59). Por eso, la predicación debe ser realizada con responsabilidad.

Dado que la predicación está en función de la misión, la predicación debe apuntar siempre a Jesucristo, la revelación encarnada de Dios. Padilla afirma que «el señorío de Jesucristo es la base tanto de la vida como de la misión de la iglesia… El ámbito de la confesión de su señorío debe alcanzar la misma dimensión que la del ámbito de la autoridad que él ha recibido del Padre» (Padilla, 2003, p. 21). Por tanto, la predicación debe girar en torno al anuncio del señorío de Jesucristo.

Aquí radica el problema con versiones de la predicación que restringen la acción de Jesucristo al ámbito de la religión privada o "lo espiritual", excluyendo toda referencia a su soberanía sobre otros ámbitos de la vida humana. Padilla afirma que, si «Jesucristo es el Señor de todo el universo, porque le ha sido dada autoridad en el cielo y en la tierra, su soberanía se extiende al ámbito económico, político, social, cultural, estético, ecológico, como al ámbito personal y comunitario. Nada ni nadie queda excluido de su señorío» (Padilla, 2003, p. 21). Cuando la iglesia pierde de vista la centralidad del señorío de Jesucristo deja de ser iglesia y se constituye en una secta religiosa incapaz de ser luz y sal de la tierra.

También la iglesia debe hacer discípulos en todas las etnias del mundo. Esta tarea incluye enseñar las cosas que Jesús enseñó. Pero este proceso de enseñanza-aprendizaje implica la comunicación de las verdades divinas y el mejor método para esto es la predicación.

La iglesia como pueblo de Dios es una comunidad llamada a vivir por fe, a manifestar amor y a abrigar auténtica esperanza para un mundo en ruinas. Pero «en un extremo la iglesia evangélica se ha retirado de la sociedad, formando una subcultura evangélica» (Núñez, 1998, p. 23). Al parecer, por muchos años la iglesia se ha comportado como alguien que no tiene nada que hacer en la sociedad, ha visto al mundo como un lugar del que hay que escapar lo más pronto posible. Por eso se ha sentado a esperar pasivamente el cumplimiento del programa escatológico, especialmente la segunda venida de nuestro Señor Jesucristo, quien «enjugará toda lágrima» (Apocalipsis 21:4). La esperanza solo la ha impulsado a velar y a orar, pero no a trabajar en pro de la sociedad dañada por el pecado.

El anuncio de los valores del reino naturalmente hará de nuestro mundo un hábitat mejor, pues las relaciones Dios-hombre, hombre-hombre y hombre-medio son renovadas según el propósito divino. La predicación juega un papel importante para que esto suceda, pues un predicador puede moldear la vida de los feligreses con la enseñanza de la Palabra de Dios.

Es entonces imperativo que cada púlpito desborde un compromiso con la proclamación de la Palabra de Dios, una predicación que defina a Cristo como el centro de la vida y la voluntad de Dios como norma para las decisiones de la vida cotidiana.

## 3.2  El poder transformador de la predicación en la sociedad

En toda la historia se encuentran las huellas de los cambios monumentales que la predicación bíblica ha producido. Por supuesto que estos procesos fueron acompañados por otros factores, como los políticos, económicos y sociales; pero la predicación bíblica ha tenido un poder sobrenatural que ha moldeado el destino de muchos pueblos, por cuanto es el medio a través del cual Dios se manifiesta al mundo.

Lucas visualiza este hecho y lo registra en Hechos 17, diciendo que los tesalonicenses reconocían a los predicadores como personas que trastornaron el mundo. Y es que esta Palabra proclamada despertó el corazón del hombre y cambió el sentido de la vida para aquellos que la aceptaban.

El Imperio romano, al comienzo del siglo IV, también experimentó el impacto de la predicación cuando el cristianismo triunfó sobre la persecución imperial. Al "cristianizarse" la sociedad de aquel entonces, aunque no todo fue saludable para la iglesia, hubo cambios sociales que sucedieron como consecuencia de la predicación de los principios bíblicos. Algunos ejemplos: la abolición de la crucifixión como pena de castigo; el infanticidio fue reprimido porque la influencia del cristianismo reclamó el carácter sagrado de la vida humana; se dio un trato más humano a los esclavos; los juegos de los gladiadores fueron prohibidos y muchos templos paganos fueron consagrados a Dios. Todo esto contribuyó al desarrollo de la humanidad.

Movimientos como el de la Reforma protestante, el puritanismo inglés, el metodismo y el pentecostalismo han contribuido a hacer del mundo un lugar mejor; la predicación ha jugado un papel importante porque «es el vehículo por medio del cual se transmite el poder de Dios que salva, sana y transforma vidas (Romanos 1:16; 1 Corintios 1:21). Es mediante la predicación que el evangelio logra permear la sociedad y su manera de pensar… alineándola a la Palabra de Dios» (Caballeros, 1999, p. 171). En cada época habrá necesidad de la predicación para que las nuevas generaciones puedan experimentar la vida en abundancia que Dios tiene para la humanidad.

Se analizarán dos casos para ver de cerca el impacto transformador de la predicación bíblica en las comunidades. Un caso bíblico será el de la predicación del apóstol Pablo en Éfeso y un caso histórico será el de la Reforma protestante del siglo XVI.

### 3.2.1 La predicación bíblica en la transformación de Éfeso (Hechos 19)

Éfeso fue una metrópoli importante del siglo I y fue el escenario para la manifestación poderosa de la predicación y sus efectos transformadores en una sociedad infestada por el pecado y los sistemas corruptos.

Los primeros versículos del capítulo 19 de Hechos muestran a Pablo en la sinagoga hablando con denuedo, discutiendo y persuadiendo acerca del reino de Dios (v. 8). A esto no se lo puede llamar por otro nombre que predicación y enseñanza bíblica. Pablo extendió su predicación por espacio de dos años, de modo que «todos los que habitaban en Asia, judíos y griegos, oyeron la Palabra» (v. 10).

Como era de esperarse, Pablo se dedicó a predicar acerca del reino de Dios. Este tipo de predicación produjo un impacto profundo. El reino que predicaba se hizo visible a través de las sanidades, milagros y liberaciones de personas poseídas por espíritus inmundos.

El incidente con los hijos de Esceva permitió que la gente viera que Pablo tenía el respaldo divino y mostró que no era como cualquier otro curador o exorcista, sino que era un agente del reino de Dios. Como consecuencia, el temor reverente se apoderó de aquellos corazones y el nombre de Jesús fue magnificado (vv. 13-17).

Los versículos del 18 al 20 son interesantes porque muestran los efectos de la predicación:

Y muchos de los que habían creído venían, confesando y dando cuenta de sus hechos. Asimismo muchos de los que habían practicado la magia trajeron los libros y los quemaron delante de todos; y hecha la cuenta de su precio, hallaron que era cincuenta mil piezas de plata. Así crecía y prevalecía la Palabra del Señor. (RV60)

La predicación produjo arrepentimiento y cambio en la vida de aquellas personas. ¡Cada uno confesaba su pecado! Esto es arrepentimiento genuino. Y el arrepentimiento es una exigencia de la proclamación del reino de Dios (Marcos 1:15).

El arrepentimiento y la transformación llegaron hasta aquellos que practicaban el ocultismo y tenían sumida en la ignorancia a aquellas personas. Aquí hay un cambio personal que afecta el estrato social. En efecto, muchos cambiaron su manera de vivir. La razón es clara: crecía y prevalecía la Palabra de Dios.

El impacto de la Palabra predicada fue aún mayor. Afectó la economía, la política, la religión y la cultura. Demetrio, un platero, vio amenazado su negocio por la predicación de la Palabra, pues dejaba al desnudo que «no son dioses los que se hacen con las manos». El peligro no era solo económico, sino también religioso: «Hay peligro… que el templo de la gran diosa Diana sea estimado en nada, y comience a ser destruida la majestad de aquella a quien venera toda Asia, y el mundo entero» (Hechos 19:27). La reacción incluyó gritos, confusión, alboroto e incluso ira, expresiones típicas de los países sumidos en la idolatría, el pecado y la pobreza. Todo el sistema de vida se vio afectado por la predicación del reino. De este pasaje puede concluirse que la predicación bíblica siempre afectará la estructura social de los pueblos, y esto por varias razones.

En primer lugar, la predicación bíblica conduce al único Dios verdadero. El templo de Diana hacía de Éfeso una ciudad idólatra. Pero el mensaje que predicó Pablo por más de dos años produjo una transformación, ya que señalaba que solo Cristo era Dios y Señor.

Los efesios eran personas que estaban engañadas, creían en dioses falsos y, como es natural, vivían de una manera que ofendía a Dios. En Romanos 1 y 2, Pablo describe magistralmente lo nociva que es la idolatría para el ser humano y lo denigrante que es el pecado, al extremo de cegar a los hombres, quienes pierden la conciencia de lo que hacen; por consiguiente, sus pecados no tienen límite alguno.

Muchas prácticas cristianas, especialmente en los grupos pentecostales, han integrado elementos culturales que tienen un trasfondo ocultista. ¿Será posible continuar la práctica de estas costumbres de hechicería al haber tenido un encuentro verdadero con las Escrituras?

En segundo lugar, la predicación transformó la cosmovisión de los efesios. El sistema económico fue afectado, pues Éfeso era una ciudad que había explotado el comercio turístico, cuyo principal interés era el templo internacionalmente aclamado de Diana y las artesanías que allí se producían. La hechicería que antes había cegado a muchas personas ahora ya no tenía ningún poder ante la verdad del evangelio expuesta por Pablo. Los efesios habían dado un paso para el desarrollo social: habían salido de la ignorancia pues habían conocido la verdad mediante las Escrituras y estaban convencidos de que existe un solo Dios.

En tercer lugar, la cultura fue transformada. La religión condiciona la cultura y la cultura condiciona la religión de un pueblo. Es de esperar que la cultura de Éfeso estuviera manchada por el pecado, pero fue transformada por el poder de la predicación del evangelio. Aunque hay que respetar la cultura de los pueblos, «el poder del evangelio hará que los seres humanos sean transformados y que lo bueno de sus culturas sea mejor» (Paredes, 2003, p. 152).

Lo anterior no significa menosprecio por las culturas. Wagner (2003) dice que generalmente los cristianos rechazan o tienen poco respeto por los elementos culturales, predicando un evangelio contracultural, puesto que las tradiciones y culturas en su mayoría tienen un trasfondo pagano; sin embargo, hay que reconocer que la gracia de Dios también está presente en este mundo y por lo tanto hay cosas que evidencian las huellas de Dios en las culturas y la creación (p. 46). Además, hay una necesidad ineludible de «presentar a Cristo como el único camino de salvación y transformación de las personas y culturas. Cristo está por encima de la cultura, pero participando activamente en ella para transformarla» (Paredes, 2003, p. 154). Muchas culturas tienen elementos que pueden rescatarse para la adoración a Dios y el desarrollo de los pueblos.

Éfeso notó la presencia de Pablo y experimentó el poder transformador de la predicación bíblica en todas sus estructuras, tal como lo experimentó todo el mundo donde el evangelio fue predicado.

## 3.2.2 La predicación en la Reforma protestante del siglo XVI

La Reforma protestante tuvo un carácter religioso, pero produjo muchos efectos en la sociedad, dada la interrelación que existe entre iglesia y sociedad. El propósito manifiesto y primario de los reformadores tenía relación con la iglesia, pero el estrecho vínculo entre iglesia y estado habría de producir transformaciones políticas y sociales que afectarían todas las expresiones de la vida humana.

No puede ignorarse que la Reforma fue una revolución espiritual producida por la vuelta a las Escrituras después de que la iglesia institucional las hubiera secuestrado y manipulado a su antojo; esto lógicamente dio como resultado una «explosión de predicación como había sido en los tiempos del cristianismo primitivo» (Broadus, 1930, p. 82). Por consiguiente, eran de esperarse las convulsiones que afloraron. Toda comunidad o nación que escuche la Palabra de Dios se ve expuesta a experimentar cambios.

Fue el encuentro con la Palabra de Dios lo que lógicamente los llevó al encuentro con Dios y con su voluntad y les dio el coraje para ponerla por obra, lo que produjo convicciones tan profundas en los reformadores que hasta estuvieron dispuestos a morir. Fue la predicación de la Biblia la que encendió los corazones e iluminó las mentes de los reformadores.

Según Stam, dos postulados jugaron un rol trascendental en la acción de los reformadores. Primero, la iglesia es la comunidad de los que han nacido por la Palabra viva de Dios y existe por el poder de la Palabra. Segundo, las Escrituras conservan dentro de la iglesia el testimonio de los apóstoles fundadores de ella misma; así la iglesia es verdaderamente apostólica y fiel a sus orígenes cuando es bíblica (Stam, 2004, p. 264). Sin la Palabra de Dios, la iglesia estaría perdida.

Según González, fue este concepto el que cambió la conciencia de la predicación de los reformadores y los hizo volver a las Escrituras, pues creían que la Palabra de Dios no es solo un acto de revelación, sino que es también la acción y el poder de Dios mismo con la que va moldeando la vida de la iglesia y del mundo (González, 1994, p. 44). De modo que, como afirma Lindsay, en lugar de las «largas historias y fábulas acerca de santos y mártires, relatos de milagros, o pasajes de Aristóteles, Séneca o lo que el papa decía, los reformadores predicaron la Biblia. La autoridad no era el papa o lo que los padres dijeron, sino lo que la Biblia decía» (Lindsay, 1986, p. 39).

Para comprender el efecto transformador a nivel social de la Reforma es menester considerar el contexto en el que surgió. Las estructuras eclesiásticas y los sistemas políticos luchaban por el poder; la formación bíblica y teológica del clero era muy baja; la vida cotidiana estaba condicionada por las supersticiones; la inhumanidad con que actuaba el Tribunal de la Inquisición se sumaba a la prohibición de la lectura de las Escrituras; la explotación económica de los pueblos a través de las indulgencias era grande, al igual que la ignorancia y el retraso de la civilización humana causados por los dirigentes de la iglesia. Ante esta situación, los reformadores no callaron; de hacerlo, hubieran sido cómplices de semejante engaño espiritual y moral. Debían confrontar estos males a través de la Palabra, pues todo sucedía porque se habían dejado las Escrituras y habían sido suplantadas por la tradición, elaborada para lograr intereses mezquinos. Por eso Lutero dijo: «Por la Palabra fue vencido el mundo; por la Palabra se ha salvado la iglesia y por la Palabra deberá ser reformada» (citado en Fliedner, 2002, p. 98). Sin embargo, esa Palabra es estéril a menos que sea pronunciada.

La Reforma dejó huellas positivas en muchas áreas de la vida humana porque estas fueron redefinidas desde una cosmovisión bíblica. El trabajo, el dinero y los bienes materiales se consideraron desde la perspectiva bíblica. También la educación fue renovada, no solo en sus objetivos y contenidos, sino que se consideró como obligatoria y auspiciada por los gobiernos. La ciencia, la política, la propiedad privada, los servidores públicos, la concepción de la mujer y otros temas, todos fueron considerados a partir de lo que la Biblia enseña.

## 3.3 El aporte de la predicación bíblica en la civilización

La Reforma protestante usó la predicación bíblica como medio para propagar las ideas reformistas; a la vez, fue necesaria la traducción de las Escrituras al lenguaje común de los pueblos para que pudieran comprenderla. Estas traducciones en muchos casos fueron las que determinaron la escritura del idioma al que eran traducidas. Es decir, «junto a la traducción de las Escrituras a determinado idioma, también se organizó un alfabeto» (Liardon, 2005, pp. 37-38). El establecimiento de un alfabeto permite que la cultura de un pueblo pueda ser organizada y transmitida a nuevas generaciones, lo cual necesariamente implica civilización.

Otro aporte a la civilización fue la transformación de los sistemas políticos, sociales y religiosos corruptos que impedían el progreso humano, tales como las indulgencias, el impedimento de leer las Escrituras, la manipulación de las conciencias, entre otros. Sabemos por la historia que los reformadores confrontaron estas actitudes y juzgaron estos sistemas a la luz de las Escrituras, lo cual forzó una transformación.

El elemento fundamental que originó el desarrollo de la civilización fue la libertad que la Reforma trajo a conciencias que la religión institucionalizada había esclavizado y manipulado. Porque la Palabra de Dios restaura la dignidad humana y exige que cada ser humano responda a Dios de manera racional y consciente. También exige vivir bajo la ética y los valores del reino de Dios.

Como era de esperarse, esta propuesta de vida por parte de la Palabra de Dios "humanizó" a aquellos que produjeron civilización. Después de la Reforma, la historia humana tomó otro matiz, que reflejó la voluntad de Dios; su Palabra fue proclamada a través de la predicación y la enseñanza.

## 3.4 Impacto de la predicación en el desarrollo de la ciencia moderna

La ciencia es parte del desarrollo de la humanidad; por eso ha avanzado junto con ella. Por consiguiente, el avance de la ciencia moderna no puede evadir la influencia de las Escrituras. Samuel Escobar sostiene que «la Reforma y el regreso a los principios bíblicos están emparentados con la revolución científica del siglo XVI» (Escobar, 1988, p. 53). Cogley (1969) agrega que la fe bíblica y la predicación del evangelio fueron condiciones previas necesarias para los modernos avances científicos y tecnológicos. Sostiene que la nueva visión bíblica del trabajo contribuyó al avance científico, pues la naturaleza, al ser desdivinizada, puede ser objeto de estudio. Dios es el creador, pero es diferente de su creación, y el hombre puede analizar, medir, pesar y transformar esa naturaleza (p. 129). Estos criterios dieron la pauta para que el hombre entendiera que Dios lo dotó de habilidades para su propio desarrollo.

Cogley dice que, a partir de Lutero y Calvino, la ciencia y la tecnología son parte de la actividad humana que glorifica a Dios. Por tanto, «nunca debemos olvidar que la reforma económica, la iluminación política, la cultura y la enseñanza son subproductos de la fe cristiana» (Cogley, 1969, p. 129). Los teólogos han llamado "mandato cultural" a esta responsabilidad .

## 3.5 Influencia de la predicación en los sistemas de gobierno

Como es sabido, la Reforma contribuyó enormemente a que muchos pueblos se independizaran, comenzando por el surgimiento de iglesias nacionales. Es decir, la autonomía de la que gozaron las iglesias en diferentes localidades estableció un prototipo para la independencia de los países y consecuentemente dio la posibilidad de desarrollo, pues los pueblos ya no estaban limitados por los intereses de sus señores.

Además, los reformadores creían que los gobernadores eran puestos por Dios y, según Calvino, las Escrituras enseñan que los gobernadores deben ejercer su autoridad de acuerdo a lo establecido por Dios pues no es posible ordenar felizmente ningún estado o sociedad del mundo sin que, ante todo, Dios sea honrado. De esta manera, los gobernantes son constituidos «como protectores y conservadores de la tranquilidad, honestidad, inocencia y modestia públicas (Romanos 13:3) y que deben de ocuparse de la salud y paz común… De modo que los gobiernos deben castigar el incumplimiento de las leyes morales como el adulterio, la fornicación, los falsos testimonios, entre otros» (Calvino, 1988, p. 1175). Esta forma de gobernar contribuye a la santificación de las sociedades y culturas.

Los reformadores también alzaron su voz profética contra las injusticias sociales por parte de los poderosos y presentaron las verdades bíblicas como los principios para una sociedad justa, a las cuales debían someterse los gobernadores; consideraban a los líderes políticos como responsables de hacer cumplir la voluntad de Dios.

En conclusión, la predicación de los reformadores se caracterizó por ser bíblica y por transformar la iglesia y la sociedad.

En la Reforma puede verse que, cuando la iglesia es instruida por la Palabra, las instituciones con las que interactúa son transformadas. Las estructuras sociales reciben el impacto de una vida según las Escrituras pues «los conceptos religiosos vienen a ser la materia con que el espíritu se alimenta y el material que utiliza para sus construcciones, (además) moldean irremediablemente el carácter, temple y talante de los individuos y de la sociedad» (Ropero, 1995, p. 70). Es imposible ignorar el poder de la predicación en la sociedad y cómo es capaz de convertirse en el motor de revoluciones y transformaciones sociales, políticas y económicas tan necesarias para nuestros países, tanto aquellos que han alcanzado un desarrollo industrial y económico como aquellos en los cuales sobrevivir todavía es un problema para la mayoría.

# CAPÍTULO 4

# El desafío de predicar bíblicamente

El Dr. Roberto Aldana sostiene que «el ministro evangélico no necesita ser experto en psicología, sociología, pedagogía, economía y filosofía; aunque es necesario un conocimiento general de estas disciplinas del conocimiento humano. Pero, en lo que a conocimiento de la Biblia se refiere, sí necesita ser experto» (Aldana, 2007, p. 14). La razón es que el conocimiento que se tenga de las Escrituras determinará la calidad y el tipo de predicación, y del tipo de predicación dependerá el tipo de iglesia, y eso dará magnitud del impacto y la transformación que habrá en las comunidades.

Sin embargo, parece ser que los predicadores de este tiempo desconocen el poder sobrenatural de la predicación; por ese motivo, se hace imperativo redescubrir la naturaleza y los grandes objetivos de la predicación.

## 4.1 Predicar la Biblia

La teología de la predicación presupone que Dios es un Dios que habla. Creó al hombre y el universo hablando y decidió revelarse mediante palabras que han sido registradas en las Sagradas Escrituras; así lo declaran sus páginas, y según Tholer, las expresiones «Jehová dijo», «Jehová habló», «la Palabra de Dios vino» y frases similares aparecen más de 3800 veces en el Antiguo Testamento (Tholer, 2006, p. 42).

La palabra es importante en el proceso de la autorrevelación de Dios al hombre; por eso Dios sigue hablando, para darse a conocer a todo ser humano, en todas las épocas y en todas las circunstancias. Sigue hablando a partir del texto bíblico y mediante la predicación; es por eso que la predicación ha de ser bíblica. Es la Biblia la versión autorizada de la revelación de Dios y debe ser el fundamento de lo que se predique.

Hay una necesidad urgente de predicar la Biblia, pues conduce a Dios mismo. Esto tiene una implicación ética, pues aquel ser humano que conoce a Dios y su voluntad pronto comienza a integrar los valores y principios del reino de Dios a su vida; consecuentemente, se configuran una nueva cosmovisión y una nueva ética en la vida.

Es importante considerar el legado de los reformadores para la iglesia posmoderna, a saber: «*Sola Escritura* y *Toda la Escritura*, dos consignas de perenne valor y especial urgencia para la predicación» (Stam, 1995, pp. 73-74). Este llamado implica predicar las Escrituras en su totalidad. Es decir, la predicación debe tener una base doctrinal que parta de la comprensión general seria y responsable de toda la Escritura. ¡Ya basta de mutilar las Escrituras para que digan lo que la mente y el corazón carnal de muchos desean!

Pablo enseñó que «toda la Escritura es inspirada por Dios, y útil para enseñar, para redargüir, para corregir, para instruir en justicia, a fin de que el hombre de Dios sea perfecto, enteramente preparado para toda buena obra» (2 Timoteo 3:16, 17). ¿Qué tipo de obra? La de arrepentimiento, la que refleja un cambio de vida, además de las obras buenas que generen una nueva sociedad. En este sentido, el ministerio de cada creyente tiene una incidencia comunitaria o social, pues ningún don y ministerio es para provecho personal; todos son para el beneficio del cuerpo de Cristo. En este sentido, el cambio personal que un individuo experimenta al encontrarse con Jesús afecta a la sociedad.

Por eso, los predicadores deben manejar con propiedad las reglas de la hermenéutica. Una prédica, producto de una exégesis responsable, es el único sermón que vale la pena escuchar. Si bien es cierto que la iglesia ha defendido la infalibilidad de las Escrituras, hay que admitir que se ha vuelto muy negligente en la defensa de la apropiada interpretación.

Entonces, es necesario preguntarnos qué características debe tener la predicación bíblica.

## 4.2 Predicar a Jesucristo

Se ha afirmado que la predicación es un medio de gracia que Dios ha dejado para salvar al mundo y edificar a su iglesia. En tal sentido, la predicación necesariamente ha de ser cristológica. Es decir, debe mostrar nítidamente la persona, obra y enseñanzas de Jesucristo, nuestro Salvador y Señor.

A través de la predicación, todo ser humano debe ser llevado a Cristo. Si la predicación tiene entre sus objetivos la salvación del ser humano, debe enfocarse en Cristo, porque no es posible que alguien encuentre perdón de sus pecados y la vida que Dios ofrece lejos de la persona de Jesús. Tampoco una iglesia puede ser edificada saludablemente si vive distante de la persona de Jesús, ya que es él quien edifica su iglesia (Mateo 16:18).

La predicación bíblica debe estar centrada en «la vida, muerte y resurrección de Jesucristo, quien por su muerte ha reconciliado a la humanidad con Dios y por su resurrección ha quebrado los poderes de la oscuridad» (Abraham, 1994, p. 103). Así como debe recuperarse la predicación bíblica, también se hace necesaria una predicación centrada en la persona de Jesús, quien es el corazón de las Escrituras y el evangelio mismo, como lo ha propuesto Piper en su libro *Dios es el evangelio.* Para Piper, el evangelio no es otra cosa que Dios mismo mostrándose al ser humano.

Esta perspectiva implica sacar al hombre del centro de la predicación (predicación antropocéntrica), donde Dios es reducido a un ídolo que está al servicio caprichoso del ser humano, quien a través de la fe puede lograr todo tipo de cosas efímeras para satisfacer la vida cosificada del ser humano del siglo XXI, caracterizado por ser consumista, pragmático y utilitarista. En cambio, la predicación cristocéntrica señala a la persona, la obra y las enseñanzas de Jesús; la cruz es símbolo de amor y la tumba vacía nos recuerda que Jesús resucitó, venciendo al pecado y a la muerte, lo cual representa esperanza auténtica para el ser humano de todos los tiempos. Una esperanza que apunta a una nueva vida, centrada en Dios y en su reino.

La predicación cristocéntrica fue fundamental en el ministerio de Pablo, algo que dijo a los corintios con palabras elocuentes:

El mensaje de la cruz es una locura para los que se pierden; en cambio, para los que se salvan, es decir, para nosotros, este mensaje es el poder de Dios. Pues está escrito: «Destruiré la sabiduría de los sabios; frustraré la inteligencia de los inteligentes». ¿Dónde está el sabio? ¿Dónde el erudito? ¿Dónde el filósofo de esta época? ¿No ha convertido Dios en locura la sabiduría de este mundo? Ya que Dios, en su sabio designio, dispuso que el mundo no lo conociera mediante la sabiduría humana, tuvo a bien salvar, mediante la locura de la predicación, a los que creen. Los judíos piden señales milagrosas y los gentiles buscan sabiduría, mientras que nosotros predicamos a Cristo crucificado. Este mensaje es motivo de tropiezo para los judíos, y es locura para los gentiles, pero para los que Dios ha llamado, lo mismo judíos que gentiles, Cristo es el poder de Dios y la sabiduría de Dios. Pues la locura de Dios es más sabia que la sabiduría humana, y la debilidad de Dios es más fuerte que la fuerza humana. Hermanos, consideren su propio llamamiento: No muchos de ustedes son sabios, según criterios meramente humanos; ni son muchos los poderosos ni muchos los de noble cuna. Pero Dios escogió lo insensato del mundo para avergonzar a los sabios, y escogió lo débil del mundo para avergonzar a los poderosos. También escogió Dios lo más bajo y despreciado, y lo que no es nada, para anular lo que es, a fin de que en su presencia nadie pueda jactarse. Pero gracias a él ustedes están unidos a Cristo Jesús, a quien Dios ha hecho nuestra sabiduría —es decir, nuestra justificación, santificación y redención— para que, como está escrito: «Si alguien ha de gloriarse, que se gloríe en el Señor».

Yo mismo, hermanos, cuando fui a anunciarles el testimonio de Dios, no lo hice con gran elocuencia y sabiduría. Me propuse más bien, estando entre ustedes, no saber de cosa alguna, excepto de Jesucristo, y de este crucificado. Es más, me presenté ante ustedes con tanta debilidad que temblaba de miedo. No les hablé ni les prediqué con palabras sabias y elocuentes, sino con demostración del poder del Espíritu, para que la fe de ustedes no dependiera de la sabiduría humana, sino del poder de Dios. (1 Corintios 1:18-2:5 NVI)

En este pasaje, Pablo reconoce la importancia y el propósito de la predicación: presentar a Jesucristo para que hombres y mujeres lo conozcan, vengan a Él en arrepentimiento y encuentren así la salvación que tanto necesitan. Al respecto, Keller afirma que «Pablo entendía que, en definitiva, toda la Escritura señalaba a Jesús y su salvación; que cada profeta, sacerdote y rey arrojaba luz sobre el supremo Profeta, Sacerdote y Rey. Presentar la Biblia en su totalidad era predicar a Cristo como el tema y el contenido principal del mensaje de la Biblia» (Keller, 2017, p. 13). Sin la persona de Jesús, la Biblia se empobrece.

Tristemente la predicación contemporánea refleja muchos motivos egoístas, carnales y mundanos. Lo peligroso de esto es que para que haya una verdadera reconciliación entre la humanidad pecadora y un Dios Santo, ha de darse un mensaje centrado en la persona de

Cristo. Como bien apunta Montoya, «cada sermón debería contener el evangelio. Debería concluir en la cruz y en la tumba vacía» (Montoya, 1995, p. 69). No debe sustituirse el mensaje de la cruz por el de la gracia barata.

## 4.3 Predicar para confrontar el pecado

La predicación bíblica, por cuanto es un acto teológico en el que se presenta a Dios al hombre pecador, necesariamente implica confrontar el pecado del ser humano. Confrontación es lo que resulta del encuentro entre el Dios santo y el hombre pecador.

Y ya que la predicación busca la salvación de la humanidad, para que se dé el arrepentimiento en el pecador es necesaria la confrontación, tal como registra Hechos 2:47; 7:51-54.

La predicación contemporánea quitó la palabra pecado de su léxico por considerarla inadecuada. Hay predicadores que en su afán de presentar atractivo el evangelio, han evitado confrontar el pecado, aduciendo que los incrédulos están cargados con demasiada culpa y lo adecuado es concentrarse en satisfacer sus necesidades y no en atacar su pecado. Lo cierto es que la necesidad más profunda de las personas es el perdón de sus pecados.

¿Por qué razón la predicación ha de llevar un elemento confrontativo? Porque el evangelio revela la justicia de Dios (Romanos 1:17) en contraposición con la condición injusta y pecadora del ser humano. Es decir, la condición de enemistad del hombre hacia Dios lo lleva a vivir en rebelión a los mandamientos divinos; por eso necesita ser confrontado, con el objetivo de que reoriente su caminar.

Las implicaciones de esta perspectiva son de gran alcance. Por ejemplo, muchos comportamientos que son vistos como enfermedades conductuales, realmente son pecados. La confrontación amorosa de dicho pecado ha sido sustituida por el tratamiento psicológico. Esto no soluciona el problema humano, sino que lo agrava.

No se menosprecia el aporte de la psicología y otras disciplinas del conocimiento humano, más bien se afirma que la razón de todos los males del hombre es el pecado y solo Jesucristo tiene la solución; por eso el pecador debe ser confrontado y orientado hacia el arrepentimiento. Dado que solo Jesucristo tiene el poder para perdonar y liberar del pecado, la solución es conducir a las personas a Jesús mediante el evangelio, y no con paliativos o mediante charlas psicológicas. El elemento distintivo del mensaje cristiano es el poder de Jesucristo para perdonar y vencer el pecado.

Por tanto, confrontar el pecado es algo necesario para la salvación del ser humano y la transformación de las sociedades.

## 4.4 Predicar para llamar al arrepentimiento

Una lectura rápida de los Evangelios permitirá observar que la predicación de Jesús llamaba al arrepentimiento. Dicho tema es reiterativo en sus sermones hacia las multitudes pecadoras; por eso puede afirmarse que es imposible que una persona pueda encontrar al Dios santo de la Biblia y ser salva sin a la vez hacer frente a la gravedad de sus propios pecados y, como consecuencia, arrepentirse de ellos.

El arrepentimiento implica un cambio de mente que conlleva apartarse del mal y tiene que ver con la actitud del hombre hacia el pecado después de escuchar el mensaje de salvación. El arrepentimiento equivale al repudio de la vieja vida y al acto de abrazar un nuevo propósito; implica un cambio de dirección, una decisión de abandonar la injusticia y procurar la rectitud y el orden de la vida. El arrepentimiento exige una actitud intelectual y de la voluntad que necesariamente dará como resultado un cambio en la conducta, una nueva forma de vida que da frutos «dignos de arrepentimiento» (Mateo 3:7, 8).

El arrepentimiento o cambio en el ser humano da esperanzas para la construcción de una nueva humanidad. Juan Stam dice: «Los despreciados de la sociedad aprenderán a caminar con la cabeza en alto y los pobres comenzarán a descubrir la riqueza de su propio valor humano… Ya convertidos a Cristo tendrán actitudes totalmente transformadas… Habrán renacido a la vocación humana de vivir plenamente en las particularidades específicas de cada cual» (Stam, 1995, p. 77). En consecuencia, el hombre nuevo produce una nueva sociedad.

A los privilegiados y poderosos, la conversión los humanizará con una genuina humildad y ternura. Les enseñará a respetar a todo ser humano. Reconocerán que Dios nos ha hecho a todos de una sola sangre (Hechos 17:26; Job 31:13; Malaquías 2:10) y que dentro del evangelio no cabe ninguna discriminación de raza, cultura, sexo, condición económica o social (Gálatas 3:28; Colosenses 3:11; Hechos 2:17). Por tanto, la predicación bíblica producirá transformación en nuestras sociedades laceradas por el pecado.

## 4.5  Predicar para edificar a los santos

La edificación de los santos debe entenderse como el proceso por el que un cristiano llega a la madurez, a la estatura del varón perfecto que es Cristo Jesús (Efesios 4:12-16). Este proceso es imposible sin la Palabra de Dios, que es el recurso que el Espíritu Santo utiliza para producir el carácter de Cristo en cada creyente. Es a través del conocimiento de las Escrituras que un discípulo llega a tener la mente de Cristo, porque conoce la voluntad de Dios que ha sido revelada en la Biblia. Y esta mente de Cristo lo capacitará para tener discernimiento del bien y del mal. Pero tal discernimiento no es pasivo; más bien, lo motiva a vencer el mal con el bien, lo conduce a contrarrestar el sistema del mal haciendo el bien y le permite vivir su fe en cada situación de la vida.

Esto se logrará obedeciendo las enseñanzas de Cristo, pues el encuentro con la verdad bíblica modifica la conducta. Por ejemplo, el cristiano será un empleado responsable, honesto, creativo, con iniciativa y eficiente. El empleador cristiano tratará bien a sus empleados y dará una paga justa.

Un cristiano maduro reflejará la vida de Cristo en su círculo de convivencia y de labor. Será un cristiano que respeta la vida humana y que promueve los valores y principios morales establecidos por Dios en su Palabra. Será un buen ciudadano, y los buenos ciudadanos hacen buenas naciones. Por eso es imprescindible que los predicadores expongan las verdades del evangelio con claridad y autoridad.

## 4.6  Predicar para confrontar la tibieza espiritual

Pareciera ser que cada vez más la tibieza espiritual se deja sentir en la iglesia. Cada vez más las personas están perdiendo interés en vivir consagradas a Dios. Los cristianos nominales parecen ser más, mientras que los discípulos auténticos menos, además de ser pasivos. Sí, hay que admitir que muchos de los que dicen ser discípulos de Cristo sencillamente son simpatizantes de sus enseñanzas.

La Biblia es enfática al decir que Jesucristo aborrece a los tibios espirituales (Apocalipsis 3:15, 16). La tibieza espiritual es el mayor obstáculo para que el evangelio manifieste el poder transformador que posee. Y la predicación es esencial para sacudir las conciencias y encenderlas de amor a Dios.

Los predicadores que han sido ministrados por la palabra viva de Dios van al púlpito llenos de esa vida y la transmiten. No son simples charlatanes; los predicadores verdaderos están conmovidos por la Palabra de Dios y la predican con ahínco, sabiendo que están afectando la vida de las personas para la eternidad.

## 4.7  Predicar para ministrar a la persona completa

El evangelio que Jesús predicó ofrecía la salvación de toda la vida; por eso ministró las necesidades espirituales, físicas y emocionales de hombres y mujeres (Lucas 4:18, 19). En el desarrollo de su ministerio, Jesús mostró interés por alimentar a los hambrientos, sanar a los enfermos, devolver la dignidad a los publicanos, las mujeres y las prostitutas —todas personas tenidas como indignas a los ojos del sistema religioso y social de aquel entonces—.

La predicación debe ser bálsamo para el herido y estímulo para el cansado. Cada predicación debe ser de inspiración para vivir, un esfuerzo por proteger al desvalido y dar esperanza al desahuciado. Esto no quiere decir que la predicación ha de ser exclusivamente antropocéntrica, existencial, o motivacional, ni que se centre únicamente en responder a las necesidades temporales de hombres y mujeres. Debe proveer transformación espiritual. La misión de la iglesia es redentora, no psicológica, lo que no quiere decir que se ignore la realidad concreta de cada individuo.

La Palabra de Dios responde a todas las necesidades humanas; el problema es que la presente generación es bíblicamente iletrada y el desconocimiento de las Escrituras imposibilita a los predicadores la aplicación de las Escrituras a las diferentes realidades de la vida humana, motivo por lo cual la predicación parece anticuada.

La predicación que responde a las necesidades es la expresión de un evangelio encarnado, y es el único que tiene el poder de "leudar la masa" y transformar el mundo. Entonces, si la predicación ha de responder a las necesidades de la humanidad, debe ofrecer una solución para el alcohólico, para la desintegración familiar, para la violencia intrafamiliar, para la delincuencia juvenil, entre otros males sociales. No responder a estos problemas es enajenar el evangelio de este mundo, haciendo que parezca extraño a las personas que día a día tienen que enfrentarse a las manifestaciones del poder demoníaco.

Aunque la predicación bíblica está centrada en las Escrituras, no es sensato desconocer el destinatario de la predicación. La predicación bíblica no parte de las necesidades humanas, ni acomoda las Escrituras a ellas, pero sí responde a ellas, pues el evangelio es el mensaje de Dios para el hombre de este mundo.

Cuando el evangelio se aplica seriamente a la vida, responde a muchas necesidades innatas en el ser humano. La predicación deja de ser un monólogo aburrido y se convierte en el medio por el cual Dios habla al hombre en sus circunstancias concretas de tiempo y espacio. La predicación eficiente requiere del conocimiento de la naturaleza humana, del contexto histórico y de las necesidades más relevantes para que el mensaje de Dios sea contextualizado y logre así ser relevante.

## 4.8  Predicar con voz profética

La predicación de Jesús y los apóstoles contenía un carácter profético. Este carácter profético se refiere a que la predicación es la proclamación de la Palabra o voluntad de Dios en un tiempo, lugar, circunstancias y personas específicas. Un verdadero predicador es un profeta porque tiene la responsabilidad de comunicar la voluntad de Dios para situaciones particulares.

Los predicadores deben condenar el pecado, tanto dentro de la iglesia como en la sociedad. Todas aquellas prácticas que no se ajusten a la Palabra de Dios y que sean el resultado de la falsa religión deben ser señalados. Los abusos de autoridad, la manipulación y el negocio de la fe deben ser condenados como pecado.

El carácter profético de la predicación implica confrontar, desde la perspectiva bíblica, la violencia desenfrenada que padecen nuestros países, la corrupción en los sistemas de gobierno, la explotación de las maquilas, el abuso de menores, el tráfico de niños, el tráfico de drogas, el aborto, la politiquería, los sistemas económicos que conducen a la extrema pobreza a miles, las injusticias que detienen el desarrollo de las personas, la tala ilegal de árboles y otros males que violan la dignidad de las personas que son imagen de Dios y, además, agravan las condiciones de vida.

Tristemente, la respuesta evangélica ante la «situación de pecado, con pocas, pero admirables excepciones, ha sido un masivo silencio culposo... muchos predicadores llevan sobre sus manos la sangre de su complicidad en este historial de crímenes» (Stam, 1995, p. 79). Y la razón es que asumir el carácter profético de la predicación implica el riesgo de no ser popular, de ser marginado y hasta de perder la vida, como les sucedió a profetas de la antigüedad.

La mayoría de predicadores en América Latina, en particular los pentecostales, reflejan un pesimismo al respecto de los cambios sociales. Han sido acusados inclusive de «enseñar a sus adeptos la huelga sociopolítica pasiva, limitada por el mandato de sumisión a sus autoridades. Esto los hace unos defensores del *statu quo* y no un promotor del cambio» (Lalive, 1968, p. 180). Sin embargo, esta actitud está cambiando, sobre todo porque históricamente muchas culturas han sido embellecidas por el evangelio.

La iglesia y el mundo necesitan una predicación bíblica. Las sociedades, para ser mejores, no necesitan únicamente buenos políticos, ideólogos, sociólogos, economistas; necesitan buenos predicadores con un mensaje autoritativo de parte de Dios. Las cuestiones económicas, políticas y sociales se resolverán cuando se establezcan sobre principios bíblicos.

## 4.9 Predicar con relevancia

A través de la predicación, Dios comunica su voluntad. La comunicación de ese mensaje no debe hacerse entonces sin considerar el contexto en el que se dará. Esto quiere decir que la predicación debe tener relevancia y sentido para la gente que la escucha. La predicación efectiva ha sido aquella que se ha dado con claridad, sencillez y con relevancia para las personas.

Solo un mensaje que se pone a la altura del entendimiento de las personas es comprendido y asimilado. Por eso es necesario desarrollar un método o un tipo de sermón que sea efectivo para el contexto donde predicamos. Muchos autores sugieren que la predicación expositiva es la más adecuada, por ajustarse al contenido bíblico, por tener un orden lógico y por ser atractiva. Sin embargo no deben descartarse los otros métodos contemporáneos de predicación, pues cada uno tiene sus ventajas.

Es imperativo reconocer que el predicador tiene la responsabilidad de presentar el evangelio clara, coherente y convincentemente, de tal forma que el mensaje de Dios sea comprendido por el oyente.

Lo anterior obliga a pensar que la predicación del púlpito no es para todos. Todo cristiano tiene la responsabilidad de testificar de Cristo a su familia, a sus amigos y vecinos, pero la predicación pública es privilegio de aquellos a quienes el Señor ha llamado y han respondido a ese llamado preparándose fielmente. La predicación bíblica exige una preparación adecuada, tanto en ciencias bíblicas como en ciencias sociales y humanas; todo esto permitirá al predicador comprender las Escrituras y, al mismo tiempo, al ser humano, quien es destinatario del mensaje de Dios.

La promesa de la asistencia del Espíritu Santo en la predicación ha llevado a algunos predicadores al extremo de prescindir de la preparación adecuada. Sin embargo, tenemos que reconocer que un gran mensaje requiere preparación para poder ser transmitido. La preparación debe estar orientada tanto a las ciencias bíblicas y teológicas como a las sociales y las humanas, todo con el fin de lograr fidelidad a las Escrituras y, al mismo tiempo, relevancia contextual.

La relevancia tiene dos elementos: el factor divino y el factor humano. El divino se refiere a que el mensaje siempre viene de Dios mediante las Escrituras; el humano viene de las habilidades de comunicar al hombre de hoy para responder a sus necesidades desde las Escrituras. Por eso se hace necesaria la formación adecuada de los predicadores.

## 4.10  Predicadores idóneos

Por lo antes presentado, la predicación bíblica requiere de un portador idóneo. Afortunadamente, hay mucha literatura que puede orientar a los ministros y predicadores para ejercer dicha labor con la calidad necesaria.

Los pastores locales son determinantes en el cambio que necesita la predicación. No deben promover a predicadores sin instruirlos adecuadamente. Anteriormente se ha dicho que la predicación pública no es para todo cristiano. No significa que tal privilegio solemne sea para una élite; más bien, esto se refiere a que el predicador debe prepararse adecuadamente.

# PARTE II

# Criterios básicos para la preparación del
# **SERMÓN BÍBLICO**

# CAPÍTULO 5

# Procedimiento para preparar un sermón bíblico

Cada predicador desarrolla su propia metodología para preparar sermones, lo que se corresponde con su teoría homilética, lógicamente condicionada por su comprensión teológica, bíblica y ministerial de la predicación. Esta variedad de métodos no permite unificar criterios teológicos ni homiléticos; la formación de los predicadores, el contexto espiritual, la realidad sociocultural y otros factores determinan cómo se preparará y presentará el sermón.

Sin embargo, el predicador debe conocer principios básicos de hermenéutica que le permitan realizar una exégesis responsable. También debe estar familiarizado con los diferentes modelos de sermones para saber cuál es el más adecuado para exponer cierto texto y cuál usar en determinada ocasión.

La variedad de métodos exegéticos y de sermones no exime de que se reconozcan los principios básicos de interpretación y exposición bíblica. En este acercamiento se consideran esos principios, sin los cuales no sería posible predicar. En la primera parte se abordarán los pasos para elaborar un sermón; el énfasis estará en la forma en que nos acercamos al texto bíblico para comprenderlo. En la segunda parte se estudiarán los elementos básicos de un sermón expositivo, narrativo y multisensorial, entendidos como los modelos más adecuados en este tiempo. También se considerarán los aportes de la oratoria en la comunicación de las Escrituras. Finalmente, se darán recomendaciones generales para desarrollar un modelo bíblico y contemporáneo de predicación.

A continuación, se ofrecen algunos pasos; aunque no se siga el orden expuesto, sí será necesario que todas las instancias estén presentes para que se obtenga el mejor resultado posible.

## 5.1 Percibir el mensaje de Dios

Ya que el predicador debe verse a sí mismo como un mensajero de Dios, el primer elemento para construir un sermón debe ser el mensaje de Dios. Esta idea es coherente con un Dios personal que se ha revelado a través de su Palabra y que sigue comunicándose con sus hijos. Además, alude a la función profética que el predicador tiene en estos tiempos: anunciar la voluntad de Dios para un momento preciso y para personas específicas.

Para algunos expertos como Key, a este elemento se lo llama "la idea para el sermón", pues «un sermón nace cuando el predicador descubre la idea que quiere predicar… La idea del sermón es su verdad central y fundamental. Su pensamiento dominante, su perspectiva. Es el enfoque dado a algún aspecto de la verdad divina» (Key, 2008, p. 158). Pero hay que advertir que esa idea debe ser propuesta por Dios, no por el corazón o deseo del predicador. Esto significa que el mensaje necesariamente debe surgir de la Biblia, por cuanto es la fuente primaria y autorizada de la revelación de Dios y de su voluntad para la humanidad. Toda idea de sermón debe tener estrecha relación con las Escrituras. La Biblia es el criterio para juzgar si un mensaje viene de Dios o del corazón humano.

Este elemento es muy importante, pues si Dios no le comunica nada al predicador, ¿deberían acaso los demás escucharlo? ¿Debería atreverse alguien a hablar a otros en nombre de Dios sin que Dios le haya comunicado algo específico?

Este mensaje bíblico-divino podrá ser percibido de diferentes maneras, según le plazca a Dios comunicarlo. Una de las opciones es mediante el estudio sistemático de las Escrituras. Mientras el predicador estudia la Biblia, seguramente Dios hablará a su corazón, porque quien se acerca a la Palabra con la actitud correcta, escuchará a Dios. Algunas veces, Dios hablará para corregir, instruir, redargüir de manera personal al predicador; otras veces le indicará determinado pasaje para predicarlo a su congregación.

Un ejercicio fundamental para el predicador será leer sistemáticamente las Escrituras. El conocimiento que adquirirá estudiándolas le permitirá saber dónde buscar cierto contenido para determinados temas.

También el mensaje de Dios podría ser percibido cuando se tiene una lectura devocional de la Biblia. Debo aclarar que al emplear la categoría "devocional" no estoy sugiriendo una lectura superficial (sin ningún rigor exegético), sino un acercamiento a las Escrituras para comprender a Dios, para intuir sus pensamientos y voluntad, para escucharlo, para ser alimentado. El problema es que muchos predicadores se acercan a las Escrituras solo cuando tienen que predicar.

Para percibir un mensaje de Dios, hay que reconocer la relación texto-predicador-Dios, porque «la Palabra de Dios debería ocupar la mente y el corazón del predicador como preparación previa a su predicación» (Ropero, 2015, p. 122). Por eso, la Palabra de Dios y la predicación están inseparablemente unidas. Donde hay Palabra de Dios, hay revelación de Dios, y cualquiera que tenga esa revelación querrá comunicarla a los demás.

El mensaje de Dios podrá ser percibido cuando se busquen respuestas bíblicas a las necesidades, dudas, inquietudes, esperanzas, desafíos y adversidades que enfrentan las personas a quienes se dirige el mensaje. Todo predicador debe tener claro que los cristianos debemos desarrollar una cosmovisión bíblica que nos permita ver, percibir y responder a las realidades de la vida desde la perspectiva de Dios establecida en las Escrituras. Desafortunadamente los pastores (que son los que más predican) no comprenden este imperativo y en vez de dar una respuesta bíblica a las inquietudes de las personas, ofrecen paliativos paridos desde su bagaje religioso, denominacional o filosófico, lo cual supone un desastre; por eso el evangelio no parece ser pertinente para hoy, porque carece del poder de la Palabra de Dios.

Por tanto, todo predicador debe ser experto en las Escrituras. Debe tener conocimiento claro de qué tratan las Escrituras, qué temas específicos aborda cada libro de la Biblia y debe comprender claramente la interrelación ente los libros para no hacer interpretaciones aisladas. Además, debe poseer herramientas para interpretar los tiempos que vive con el fin de establecer puentes entre la Biblia y la realidad, proceso conocido como *contextualización*.

Como es sabido, el obrar de Dios no tiene límites y no lo podemos encuadrar en estos elementos mencionados. Existen más formas en las que Dios comunica un mensaje a los predicadores: a través de un sueño, de un suceso o acontecimiento especial, entre otras situaciones; el predicador debe estar atento a la voz divina y conocerla para discernir cuando Dios le está hablando.

Ya que el mensaje viene de Dios, el predicador debe tener una estrecha relación con él. Esto será posible cuando cultive una vida de oración, de meditación en las Escrituras y de reflexión sobre las necesidades espirituales y existenciales de sus oyentes.

## 5.2 Definir el objetivo

La predicación no es un fin en sí misma. Es un medio para revelar a Dios y sus propósitos, de tal manera que el ser humano aprenda a caminar según la voluntad divina. En este sentido, cada sermón debe tener un objetivo específico, el cual corresponde a lo que Dios quiere hacer. El mensaje que Dios ha dado al predicador determina el objetivo, y el objetivo determina el tema y el texto bíblico a usar.

Definir un objetivo ayuda a que el sermón sea más específico en vez de hablar generalidades de un tema. Además, hará que el predicador dependa más de Dios que de sus capacidades de oratoria porque sabe que su tarea va más allá de un ejercicio hermenéutico y de presentar sus resultados (como un estudio bíblico); más bien, es un mensajero de Dios que porta la palabra más poderosa del universo, que puede transformar vidas llenas de tantas necesidades.

Existen varios objetivos. Entre los más importantes se encuentra, en primer lugar, el *evangelístico*, que se usa cuando se quiere presentar a Jesucristo como Salvador y Señor a los que todavía no tienen una relación personal con Dios. Es imperativo que el predicador ofrezca una visión completa del mensaje del evangelio: el hombre vive en rebelión contra Dios por causa del pecado, y por eso debe venir a Dios arrepentido de sus pecados. Como solo Jesucristo puede perdonar los pecados, es necesario que rinda toda la vida al único Señor, para lo cual es importante abandonar el pecado y tomar la decisión de vivir conforme la voluntad de Dios.

Muchos predicadores creen que si se predica un sermón evangelístico de oferta será más fácil para las personas aceptarlo, pero nada es tan dañino como esa idea, pues al esconder el verdadero sentido del evangelio se está negando oportunidad a los pecadores de reconocer sus pecados y venir a Jesucristo arrepentidos. Si no se confronta el pecado del ser humano, muchos pueden pensar que no necesitan del perdón de Dios.

Los sermones *doctrinales* tienen el propósito de enseñar, clarificar o afirmar una doctrina bíblica. Es necesario advertir que en este tipo de sermones se corre el riesgo de hacer una interpretación y explicación sesgada cuando se depende más de la interpretación aceptada por la denominación que de los resultados de una exégesis bíblica responsable.

Este tipo de sermón es necesario para establecer fundamentos teológicos en los creyentes. Las personas posmodernas no tienen mucho interés en defender un sistema doctrinal, y lo consideran algo innecesario y estéril; eso ha gestado un sincretismo teológico y ha producido una generación de cristianos sin identidad.

Como todo predicador tiene un marco doctrinal desde el cual interpreta las Escrituras, conviene revisar dichos postulados para tener seguridad de estar en lo correcto; de lo contrario, el predicador será el responsable de guiar a muchos a la condenación eterna.

También existen sermones con propósitos *éticos*, que enseñan la forma correcta de relacionarnos con los demás y con el resto de la creación. Todo comportamiento (ética) está condicionado por las creencias. Es decir, hay una relación entre el sistema doctrinal que un individuo cree como correcto y la forma en que interpreta la realidad y se comporta en la vida.

Hay sermones que tienen el objetivo de propiciar y estimular la *consagración* de los discípulos, pues están dirigidos a los frívolos y religiosos que todavía no tienen una relación vibrante y comprometida con Jesucristo.

Los sermones *pastorales* son los que pretenden ayudar a las personas a enfrentar y superar las diversas crisis de la vida. Estos últimos suelen ser los más comunes y por eso deberían ser bien nutridos con una buena dosis de la Palabra de Dios; hay un error común que es querer responder a las necesidades de las personas leyendo un texto bíblico y comentándolo a continuación con las opiniones de psicólogos y profesionales de la conducta humana. Recibimos los aportes de todas las ciencias, pero nada sustituye la orientación divina para las situaciones humanas.

Por tanto, es necesario que el predicador relacione las Escrituras con las circunstancias humanas. Así hará que sus oyentes aprendan a pensar bíblicamente y encaren los desafíos y problemas de la existencia humana desde la perspectiva divina, algo que seguramente será mejor que cualquier otra opinión.

Todo predicador debe tener un objetivo claro, pues esto condicionará la manera en que presentará dicho sermón. Y para ser eficiente, necesitará ser más específico, apuntando al efecto que desea que el sermón produzca en los oyentes. Obviamente, los objetivos de los sermones tienen que ser coherentes con el propósito principal del texto bíblico seleccionado.

Finalmente, hay que reconocer la necesidad de la variedad en la predicación, pues esto no solo dará un balance en la vida de las personas, sino que también ofrecerá la oportunidad de mostrar cómo las Escrituras responden a las diversas situaciones de la vida.

## 5.3  Selección correcta del texto

Se ha dicho que la predicación auténtica debe ser bíblica, y para eso, el texto bíblico es fundamental; el sermón se construye sobre él y la predicación es básicamente la explicación de dicho texto. La Biblia es

> el libro del predicador, el texto fundamental que regula, justifica y fundamenta su predicación. No hay otro. Lo es en el sentido propio, dado su carácter inspirado por Dios, dado formalmente a la iglesia como norma de vida y pensamiento; y lo es también por su intrínseca fuerza religiosa que despierta resonancias éticas y espirituales. (Ropero, 2015, p. 121)

Key (2008) afirma que, al seleccionar un texto para la predicación, se proporciona autoridad al sermón, se logra que la iglesia conozca la Palabra de Dios y vea lo útil que es para la vida. Permite retener las principales ideas del sermón, porque se relacionan con el texto. También limita y unifica el material presentado en el sermón porque se dedica a explicar el texto (pp. 98-99). Por tanto, el texto es imprescindible para el sermón.

Una vez que el predicador ha establecido el objetivo del sermón, debe asegurarse de que el texto refleje claramente el mensaje de Dios y el propósito que tiene en mente. Y ya que la predicación se fundamenta en el principio de que Dios habla, debemos ir a las Escrituras para saber qué dice Dios a través de ellas; ahí radica la importancia de seleccionar adecuadamente el texto.

Es necesario tomar en cuenta que existen ciertos criterios para elegir un texto y usarlo.

Primero, que *el texto debe ser usado en armonía con el propósito original por el que quedó registrado en las Escrituras*, lo cual supone un conocimiento adecuado del contexto del pasaje. Todo texto tiene una idea principal y un propósito por el cual el autor sagrado lo redactó. Nunca se debe ignorar dicho propósito, lo que implicaría violentar el texto y manipularlo.

Segundo, que *el texto debe ser relevante*. Un texto relevante despierta el interés por escuchar el sermón, además de hacer pertinente las Escrituras para la vida cotidiana. Eso permitirá que las personas aprendan a ir a las Escrituras para orientar su vida y tomar decisiones.

Tercero, que *debe delimitarse correctamente*, es decir, debe abarcar la idea completa que el autor sagrado quería transmitir. No es correcto usar solo frases de un párrafo a conveniencia, que es lo que sucede con muchos predicadores, pues solo toman la idea que les conviene. El texto debe ser delimitado según la totalidad de la idea y abordado completamente para percibir el mensaje completo que Dios transmite.

Cuarto, que *debe elegirse un texto que tenga un significado claro*, es decir, un texto que el predicador pueda comprender. De lo contrario, no podrá explicarlo adecuadamente y los oyentes posiblemente quedarán confundidos. Además, hay textos que tienen cierto contenido oscuro, el cual requiere mayor destreza exegética para su comprensión, además de pericia para trasmitirlo adecuadamente.

Hay textos que representan malas interpretaciones de algunas personas equivocadas, además de textos que registran malos consejos y que, por alguna razón, el escritor sagrado anotó. Estos textos tienen una función por la cual aparecen en las Escrituras; sin embargo, para un público promedio, podrían causar muchas dudas. Por ese motivo, deben ser abordados en ciertos círculos y en diálogos más abiertos o participativos para su correcta explicación.

Quinto, que *siempre se debe utilizar un texto que apasione, impacte y ministre* al predicador, de lo contrario no logrará ningún efecto en los oyentes a la hora de su exposición. Esto se debe a que el predicador debe encarnar dicho mensaje. Si no hace tal cosa, no tendrá ni mostrará la convicción de lo relevante que el texto debe ser para los oyentes.

Lo anterior no significa que el predicador deba predicar únicamente aquellos textos de su predilección, sino más bien, que debe interiorizar el texto de tal manera que lo conmueva.

El texto da autoridad al predicador; por eso, debe tener un sitio de honor en su predicación. Allí convergen el mensaje de Dios y el propósito que se tiene en mente. Al fallar en la selección del texto, el esfuerzo exegético y homilético no será tan productivo.

Será necesario que todo predicador desarrolle el hábito de una lectura devocional sistemática de las Escrituras para tener ideas frescas que seguramente el Espíritu de Dios utilizará para darle un mensaje.

## 5.4 Interpretación correcta del texto

Todo predicador serio fundamenta su exposición en el texto bíblico, lo cual presupone una comprensión clara, mediante una interpretación correcta.

Además, no es posible predicar sin que el texto haya sido personalizado o encarnado por el predicador, porque la interpretación de cualquier texto bíblico provoca un encuentro con Dios. Hay un acercamiento profundo en el que el intérprete termina siendo cuestionado, confrontado, desafiado e incluso transformado por el texto mismo.

Sin embargo, existe una gran distancia de tiempo y espacio entre el intérprete contemporáneo y los primeros destinatarios o receptores de los textos bíblicos. Nuestra realidad histórica, nuestra situación política y religiosa, nuestra teología, esperanzas y espiritualidad son diferentes de las que se representan en el texto bíblico. Sin embargo, para acortar esas distancias, existen procesos hermenéuticos que ayudan a comprender para luego aplicar adecuadamente los textos bíblicos.

En esta etapa interviene la exégesis. Exégesis significa explicación o interpretación. Sus raíces etimológicas vienen del verbo griego *exegéomai*, que denota la explicación de algo de manera detallada. En la sociedad griega significaba explicar la voluntad de los dioses, expresada en oráculos dados por medio de sacerdotes o profetisas.

Al respecto del estudio de las Escrituras, la exégesis se refiere al ejercicio de interpretar el mensaje de la Palabra de Dios teniendo en cuenta el sentido histórico, gramatical y teológico del texto.

La meta principal de un ejercicio exegético es averiguar el verdadero sentido del texto, pues la exégesis es el «estudio cuidadoso y sistemático… para descubrir el significado original que tenía (el texto)… Es el intento de escuchar el mensaje de la Biblia como lo hubieran escuchado los destinatarios originales» (Fee & Stuart, 2007, pp. 23-24). Entonces, el predicador debe buscar diligentemente qué quiso decir el autor, pues «el verdadero significado del texto no debe ser determinado, sino descubierto por el intérprete… Su tarea es descubrir el significado original y su propósito» (Kate, 2008, p. 109). Y para lograrlo necesita recurrir a las reglas de la hermenéutica bíblica.

La predicación necesita de la exégesis, pues la predicación bíblica no es aquella que se remite literal y mecánicamente al texto bíblico… Necesita alguien que interprete sus imágenes, su lenguaje y sus géneros literarios. En el caso del predicador, tiene que usar el texto de tal modo que lleve a los oyentes a la presencia de Dios y muestre la multiforme riqueza espiritual del mismo. (Ropero, 2015, p. 136)

Puesto que hay una relación entre Dios y las Escrituras, cuando se comprende adecuadamente un texto, se comprende a Dios, y cuando se explica correctamente un texto, se da a conocer a Dios adecuadamente.

La naturaleza y el propósito de este libro solo permite que se haga mención de los principios básicos para la interpretación bíblica, sintetizados en el método de estudio inductivo. Entre las razones por las que se sugiere este procedimiento se encuentra su capacidad de integración de principios de varios métodos de interpretación, además de que dicho estudio comienza con la Biblia misma y busca comprender el texto bíblico desde la perspectiva del autor, es decir, se esfuerza por averiguar qué quiso decir el autor a sus destinatarios originales para luego contextualizarlo adecuadamente. Este método demanda la atención a los detalles del texto mismo.

Básicamente el método inductivo tiene tres pasos: observación, interpretación y aplicación.

## 5.4.1 La observación

La observación se refiere al primer momento en que el intérprete se acerca al texto para identificar todos los detalles posibles. Este ejercicio, aunque parezca sencillo o simple, no lo es, porque requiere de mucha atención; de lo contrario, no se descubrirá la riqueza que el texto contiene. Si se ignora un detalle, puede comprometerse el sentido original del texto. La observación implica los siguientes elementos, que no necesariamente se dan en este orden (algunos son simultáneos); sin embargo, todos deben integrarse.

*Leer detalladamente.* Se trata de leer cuidadosamente para identificar cada detalle que el autor dejó en el texto; por consiguiente, deben hacerse varias lecturas. Lo mejor sería hacer una lectura en el idioma en que fue escrito el texto (griego, hebreo o arameo) y hacer una versión o traducción de ese texto, pero como no todos tienen posibilidades de hacerlo, leer el texto en varias versiones ayudará a comprender mejor el flujo de ideas del autor.

*Investigar sobre el contexto.* Cuando un intérprete lee un texto para identificar todos los detalles, se encontrará con elementos que serán comprendidos dentro de un contexto. Por eso es importante que el intérprete se familiarice con el contexto de la perícopa seleccionada, pues le permitirá tener un panorama del texto y comprenderá mejor su significado, dado que el contexto determina en gran medida el significado de las palabras.

Este contexto puede ser literario, histórico y teológico.

El contexto literario puede considerarse desde dos perspectivas: primero, en referencia a lo que está antes y después del texto seleccionado. Algunas veces corresponde al resto del capítulo, otras veces se refiere al libro completo y a otros escritos del autor. También implica considerar cómo el pasaje encaja dentro de todas las Escrituras. Igualmente, deben incluirse los pasajes paralelos, porque al cotejar diferentes relatos, ciertos detalles complementan el significado, como sucede con algunos milagros relatados en los Evangelios.

El contexto literario también se refiere al tipo de literatura o género literario al que pertenece el texto seleccionado. Esto es importante porque el género literario determina las reglas que se han de aplicar; es distinto el abordaje de una parábola del de una profecía.

Algunas preguntas básicas serían: ¿Por qué el autor eligió este tipo de literatura? ¿Para alentar, orientar, desafiar, provocar una conmoción, confrontar? Si no se consideran estos detalles, es posible que un salmo termine comprendiéndose como una carta o epístola pastoral, o convirtiendo las narraciones en leyes. Hay que leer los textos según su género. Generalmente, la literatura poética utiliza mucho lenguaje figurado, lo cual establece un criterio de interpretación.

El contexto histórico se refiere a los aspectos sociales, culturales, religiosos y políticos que colorean y dan sentido al pasaje. Al tener un acercamiento al contexto, conviene anotar nombres, lugares, sucesos importantes, circunstancias que rodeaban al autor y a los destinatarios. Es importante que el intérprete conozca el trasfondo histórico del autor y de la comunidad donde el texto fue leído por primera vez, como también es importante conocer la situación social y política donde surge el texto y hacia dónde va dirigido.

El intérprete contemporáneo debe comprender la cosmovisión o manera de pensar de la época en el cual el texto fue escrito, pues la historia fue esencial para la revelación de Dios y ahora lo es para la comprensión de la Biblia. Esta realidad del texto bíblico indica que hay que separar lo temporal de lo eterno, lo universal de lo local. Muchas de las enseñanzas del texto bíblico trascienden a las épocas y contextos particulares, tienen un significado permanente, atemporal y universal.

Las fuentes secundarias, tales como diccionarios y comentarios bíblicos, o informes arqueológicos, geográficos y culturales del mundo bíblico y otros recursos ayudarán a clarificar el contexto.

El contexto teológico se refiere a la doctrina bíblica o aspectos espirituales que el autor está comunicando, y sobre todo, cómo se encuadra este aspecto particular de dicha doctrina en toda la enseñanza de las Escrituras. Hay que reconocer que, dada la naturaleza progresiva de la revelación de Dios, muchas doctrinas se desarrollaron en el transcurso de la historia; por tanto, sería necesario observar cuál es la función particular del texto en dicho proceso y qué particularidad aporta a determinada doctrina.

Finalmente, el análisis del contexto ayudará a determinar cómo el texto se acopla al desarrollo secuencial del libro y, en algunos casos, de la Biblia entera, lo cual facilita la comprensión de la función o propósito particular de ese texto.

*Identificar el tipo de literatura*, ya sea del libro, el capítulo o el texto en particular: profecía, historia, ley, evangelio, escatología, etc.

El tipo de literatura se refiere a la forma en que se dice o expresa algo. Por eso el autor, según lo que quería provocar en los primeros destinatarios, determinó el tipo o la forma de escribir su mensaje.[1]

Los tipos de literatura tienen tres marcas: «Forma, contenido y función o intencionalidad» (Giese & Brent, 1995, p. 10). Con frecuencia la forma o la estructura marcan el género inmediato. La estructura literaria se refiere a cómo están construidas las frases; por ejemplo, un salmo de lamento siempre tiene una solicitud o un pedido después de una descripción. En el caso de una narrativa, debe tener argumento, marco escénico, trama, complicación y desenlace. La función está relacionada con la intencionalidad del autor, la cual está necesariamente determinada por el contexto general del pasaje.

---

[1] Para un acercamiento a los géneros literarios, ver Fee, Gordon y Stuart, Douglas, *Lectura eficaz de la Biblia*. Miami, Florida: Editorial Vida, 2007. Y también Giese, Ronald y Brent Sandy. *Compendio para entender el Antiguo Testamento*. Nashville, Tennessee: B&H Publishing Group, 2007.

El tipo de literatura también establece los principios hermenéuticos que han de emplearse, pues «la interpretación adecuada depende (…) del entendimiento de los géneros usados en la Biblia para transmitir la revelación de Dios» (Giese & Brent, 1995, p. 14). Al ignorarlos, se corre el riesgo de comprender algo que el autor no quiso decir.

*Identificar la estructura.* La estructura de un texto se refiere básicamente al orden en que el autor presentó sus ideas. Para eso hay que identificar las divisiones principales y secundarias que representan las ideas con las que el autor codificó el mensaje que quiso transmitir. Todas las ideas principales apuntan a una idea central, historia o trama.

La estructura es lo que da unidad al libro. La estructura general de los libros contiene una introducción, un cuerpo y una conclusión. Hay estructura biográfica, cronológica, temática, geográfica, narrativa, de parábola, epistolar y teológica.

También la estructura del texto debe sugerir una estructura homilética o bosquejo para el desarrollo del sermón.

Existen varios niveles de estructura: las palabras, las frases, las oraciones, los párrafos, las secciones y las divisiones.

- **Párrafos**: Son varias oraciones unidas por una idea central o principal. Para el ejercicio de interpretación, es importante que se titule cada párrafo. Los títulos deben representar el contenido del párrafo. Eso implica identificar qué idea es la más importante, la que agrupa a las demás (ideas subordinadas). Debe usarse la terminología del texto, procurando un resumen del contenido; por eso los expertos dicen que los títulos deben ser representativos, distintivos e importantes. Esto permitirá una comprensión preliminar del mensaje del texto.
- **Secciones**: Son varios párrafos integrados por una idea más general.
- **Divisiones**: Son las partes en las que el libro está integrado y se corresponden con las secciones en las que el autor presentó su mensaje. Esto es posible cuando el autor ha desarrollado varios temas. Generalmente se aplica a un capítulo o cuando se estudia la Biblia libro por libro.

Cuando se descubre y comprende la estructura del texto, se obtiene un bosquejo de las ideas principales y secundarias de lo que el autor sagrado quiso transmitir; en esto radica la importancia de la estructura. A la vez, esto orienta cómo debemos presentar el contenido del sermón, ya que ofrece amablemente un bosquejo preliminar.

*Identificar términos clave.* El intérprete debe aprender a seleccionar palabras importantes, conceptos teológicos, enseñanzas, doctrinas o términos que se repiten, además de si hay relaciones lógicas de causa y efecto, contrastes o comparaciones. Todo esto dará pistas al respecto de los enfoques o propósitos del autor.

Es importante también identificar personajes, lugares, eventos y cualquier otro detalle que oriente hacia el significado que yace en el texto.

También es conveniente anotar los aspectos que no son comprensibles, ya sean costumbres, conexiones que no parecen tener sentido, palabras difíciles de entender o aparentes contradicciones y dificultades doctrinales, con el fin de hacer luego un análisis minucioso de todo ello, tomando en cuenta el contexto completo de las Escrituras, pues solo así son resueltas las dificultades o confusiones.

*Identificar las figuras retóricas.* Las figuras retóricas son recursos literarios en los cuales las palabras se usan con un sentido distinto a lo normal o literal. Son usadas para hacer el lenguaje más interesante (por cuanto llaman la atención), y para clarificar un mensaje cuando son asuntos subjetivos o abstractos, o cuando una realidad espiritual se trasmite con imágenes y realidades humanas concretas. También se usan cuando el lenguaje concreto o literal se queda corto para explicar todo el significado de un concepto.

Las figuras retóricas ayudan a la mejor comprensión por cuanto invitan a la imaginación. Sin embargo, se requiere una comprensión clara del contexto en el que son usadas; de lo contrario, se corre el riesgo de equivocar la interpretación. Es decir, las figuras retóricas usadas en el texto deben interpretarse desde la cosmovisión o perspectiva usada por el autor. Para entender eso es necesario conocer el contexto histórico, cultural, político, teológico y literario de la época.

*Identificar quién habla en ese texto.* También es necesario determinar si fue Dios quién habló o un profeta, un apóstol, un necio, un demonio, o si se trata de una mala doctrina, un criterio cultural o una mala práctica. No considerar estas realidades del texto bíblico llevará a equivocar el mensaje; se pondrán las cuestiones culturales al nivel de la verdad de Dios.

Hay que recordar que Dios se reveló en un contexto particular, lo que significa que el mensaje de Dios está salpicado de una realidad humana que no siempre se corresponde con la voluntad de Dios; por ese motivo, se debe ver cuál es la perspectiva del texto para no atribuirle a Dios palabras y acciones que no se corresponden con su persona y voluntad.

*Personalice el texto.* También es importante que en este proceso exista una interiorización del texto. Seguramente, en este proceso el intérprete experimentará sentimientos, recuerdos y experiencias que de alguna manera vivifican el texto y se conectan naturalmente con la aplicación conceptual del mismo.

Entonces, el resultado del ejercicio de observar el pasaje es determinante para la comprensión del texto y el desarrollo de la estructura homilética, pues la observación aporta los detalles del texto que serán interpretados. A la vez, indica qué diseño o tipo de sermón se ajusta más al contenido del texto. Por eso es importante que se elabore un bosquejo homilético preliminar con las ideas principales y secundarias que el autor presenta.

Mientras se va leyendo el texto, surgirán ideas o temas. Seguramente al leer se irá conectando el texto con alguna realidad de la congregación.

Finalmente, es necesario que se resuma el mensaje central del texto en una frase. Cuando pueda redactar todo el contenido del texto en una idea, eso significa que se ha observado adecuadamente el texto.

## 5.4.2 La interpretación

El segundo momento del método inductivo tiene que ver con averiguar qué quiso decir el autor, partiendo de toda la información recabada en la observación. La interpretación trabaja sobre los resultados de la observación; de ahí la importancia de observar cuidadosamente todos los detalles del texto.

Primero, se trata de entender lo que el texto significó para los receptores originales. El contexto será de mucha ayuda para esta tarea.

Segundo, al interpretar las palabras o frases, hay que recordar el contexto, el contenido y la estructura. Es decir, el significado de esos textos está determinado por el contexto en que el autor usó esos términos, pues la misma palabra en diferentes contextos puede significar algo distinto.

También es importante tomar en cuenta el tipo de literatura para saber si tal expresión ha de interpretarse literalmente o en un lenguaje figurado. En caso de ser un lenguaje figurado, es necesario averiguar lo que ese símbolo o concepto significaba en el contexto original del texto.

Finalmente, la interpretación implica encontrar el principio teológico que se refleja en el significado del texto. Ha de ser un principio atemporal que trascienda una situación específica y las cuestiones culturales; debe estar en armonía con el resto de la Escritura y ser pertinente para todas las épocas y contextos.

## La interpretación gramatical

La interpretación gramatical se refiere a estudiar o averiguar el significado que tienen las palabras o los términos para comprender lo que el autor quiso decir a su audiencia primera. No es posible descifrar un texto sin considerar los términos utilizados, pues el lenguaje humano es posible gracias a los conceptos que tienen un significado.

A veces la etimología dará luz a la interpretación; otras veces, será el contexto; otras veces, la historia del origen y la evolución del término, o el uso que se le daba a determinado concepto o término en el momento en que se escribió, o cómo usaron esa terminología los autores bíblicos.

Es necesario considerar cómo han evolucionado los términos en nuestra propia lengua. Ahí hacen su aportación las traducciones de la Biblia, que van actualizando el vocabulario bíblico.

También es importante estudiar el tiempo y la acción de los verbos para percibir cómo son utilizados. Para eso es fundamental tener traducciones literales de los textos bíblicos, aunque lo mejor sería leer los textos en los idiomas originales.

Además, hay que considerar el tipo de literatura; por ejemplo, si es una parábola, obviamente no se podrá interpretar en un sentido literal; si es un texto profético, hay que considerar el contexto histórico en el que vivían los primeros destinatarios y observar si es de doble cumplimiento, es decir si ya tuvo un primer cumplimiento en la historia y si apunta a la vez al futuro.

Finalmente, se deben interpretar las figuras literarias que aparezcan. Ya en la observación se han identificado; luego hay que averiguar lo que significan o representan. También conviene identificar las características especiales de la figura para establecer los énfasis correspondientes. Y, por último, será necesario comprender el mensaje que la figura está transmitiendo o el motivo por el cual la usó el autor. Este ejercicio interpretativo debe realizarse desde el contexto original para luego considerar lo que significa en nuestro propio contexto y así hacer la contextualización.

## La interpretación teológica

La Biblia es un libro divino-humano porque revela al Dios todopoderoso en un lenguaje humano para que sea comprensible. En la Biblia encontramos a Dios hablando, mostrándose para ser conocido y comprendido, y, sobre todo, para propiciar una relación vital con el ser humano. Cada texto de las Escrituras aporta un elemento a ese gran propósito.

La Biblia es un libro que requiere fe; por eso es imperativo que todo intérprete de las Escrituras y todo predicador haya tenido un encuentro personal con el Dios de la Biblia. De lo contrario, la Biblia le parecerá igual a cualquier otro libro. También se requiere de fe para comprender la revelación de Dios; a la vez, esta fe nace de la autorrevelación personal de Dios. Si alguien se acerca a las Escrituras sin fe, la lectura y el estudio no serán tan provechosos.

La interpretación teológica de la Biblia implica esencialmente comprender las enseñanzas o doctrinas básicas de la fe en Dios y comprender cómo el autor las aborda en ese contexto particular del texto. Esas particularidades del texto deben ser vistas a la luz de las enseñanzas globales de las Escrituras y de la revelación progresiva de Dios. Si no se considera el contexto de toda la Escritura, es probable que surjan interpretaciones sesgadas o verdades a medias. Por eso es importante que el predicador tenga una idea general de toda la Biblia y conozca muy bien las doctrinas esenciales para que no se contradiga en sus enfoques particulares.

Es importante considerar la relación de los textos del Antiguo y del Nuevo Testamento. Hay textos que son válidos sin alteración alguna; otros sufrieron cierta modificación a partir de las enseñanzas de Jesús en los Evangelios. También hay algunos que ya no tienen vigencia en este tiempo dado que fueron temporales; por ejemplo, ya no son válidos los sacrificios que eran exigidos en el Antiguo Testamento.

La interpretación teológica requiere identificar qué doctrina está expuesta en determinado texto y cómo ese texto contribuye a la revelación de Dios en todas las Escrituras.

También se sugiere considerar cómo se ha interpretado históricamente dicho texto pues el mismo Espíritu que nos ayuda ahora para interpretar las Escrituras asistió también a los que nos antecedieron. Averiguar cómo los Padres de la Iglesia y otros líderes prominentes han interpretado dichos textos nos ayudará a una mejor comprensión de las Escrituras.

### 5.4.3 La aplicación

Este paso implica tomar el significado del texto desde la perspectiva del autor y crear puentes que conecten el texto con el mundo contemporáneo, de tal manera que tenga el mismo sentido que tuvo en el tiempo del escritor y los primeros lectores.

Básicamente, la aplicación responde a la pregunta sobre qué significa el texto para hoy, para el público en particular que escuchará el sermón. Por lo tanto, la aplicación requiere contextualización del texto.

Para una aplicación correcta se debe considerar la función o propósito del texto, es decir, qué querría el autor bíblico que comprendiéramos hoy. La aplicación requiere descubrir las verdades eternas del texto, verdades que sobrepasan tiempo, distancia y contextos culturales pues son universales.

También es necesario comparar el contexto histórico del texto con el de las personas a quienes va dirigido el sermón. Este ejercicio implica identificar los elementos comunes o paralelos y los elementos de conflicto. También hay que estar atentos si ya han desaparecido ciertos elementos y cómo eso afectaría a la aplicación del texto.

La aplicación hace que un texto sea relevante. Y la relevancia es posible cuando los oyentes logran hacer conexiones entre el texto bíblico y su realidad presente. Lamentablemente para la mayoría de cristianos, la Biblia es algo espiritual que solo algunos iluminados pueden comprender. Por eso el predicador debe mostrar de manera clara, precisa y concreta cómo el texto bíblico se puede aplicar a la vida cotidiana; para eso, requiere utilizar imágenes mentales o realidades cotidianas que conecten el mensaje bíblico con la vida de sus oyentes. Un texto que no se interpreta a la luz de la realidad no sirve de mucho, es irrelevante. Al final, todo oyente debe saber qué significa el texto y cómo puede practicarlo.

## 5.5 Determinar la idea central o tesis del texto

Después de haber interpretado el texto bíblico, el predicador seguramente sabe cuál es la idea principal del texto, la cual se convertirá en el mensaje central sobre el cual se construirá todo el sermón. La verdad central surge al identificar qué pregunta, situación, preocupación o tema aborda el autor y cómo responde.

En la predicación expositiva, esta idea se conoce como tesis. Esta verdad debe tener una connotación positiva, práctica y debe ser articulada de manera sencilla y clara para que pueda ser recordada.

La idea central debe redactarse en una frase de manera propositiva. Esta frase no es precisamente un resumen de todas las ideas principales, sino la gran idea. Es el núcleo esencial de lo que el autor está diciendo. Es la idea que predomina sobre todas las demás.

Esta idea central propiciará el flujo progresivo y ordenado de ideas, el cual evitará que los sermones sean una serie de comentarios aislados.

## 5.6 Elaborar un bosquejo

El bosquejo debe ser organizado según las divisiones naturales, principales y secundarias del texto, partiendo de una palabra clave. Es decir, se debe identificar qué aspectos particulares trata el texto, sean características, exhortaciones, recomendaciones, mandamientos, entre muchas otras. Hay varias sugerencias para realizar este paso.

*Bosqueje el texto*: El bosquejo está constituido por las ideas principales y secundarias que el autor plasmó en su escrito; por lo tanto, tiene que ver con la estructura que el autor bíblico utilizó para comunicar su mensaje.

Algunas perícopas no requieren que se reorganice el bosquejo del texto porque están escritas de manera lógica y progresiva, pero hay otras que necesitan ser organizadas de manera diferente para una mejor comprensión.

*Bosquejo homilético*: Este tipo de bosquejo tiene que ver con la forma final del sermón. Indica cómo será expuesto y responde a un modelo homilético (narrativo, expositivo, etc.). En este punto es importante que el predicador haya comprendido bien el flujo de ideas del texto, de manera que pueda ser coherente con el contenido y no deje nada importante fuera del bosquejo.

El principio general para elaborar un bosquejo es que debe incluir todas las ideas principales que expone el autor.

El predicador debe conocer varios diseños homiléticos para hacer uso del que considere adecuado y esforzarse en presentar los resultados de sus horas de estudio de la mejor manera.

La preferencia por cierto tipo de sermón está ligada a la personalidad y formación académica del predicador, además de a la audiencia y ocasión. Entre los más usados están los sermones expositivos, narrativos y multisensoriales (especialmente útiles con las generaciones emergentes).

.

# CAPÍTULO 6

# Diseño del sermón expositivo

Cuando un texto se ha interpretado adecuadamente y se ha captado su mensaje, el predicador debe proceder a organizar dicho contenido de la manera más sencilla y fácil de comunicar para que sus oyentes puedan comprenderlo fácilmente. El predicador tiene muchas opciones; entre ellas, el sermón expositivo.

Mohler define la predicación expositiva como

el método de la predicación cristiana que tiene como propósito central la presentación y aplicación del texto bíblico… Como la Palabra de Dios, el texto bíblico tiene el derecho de establecer tanto la sustancia como la estructura del sermón. Una exposición genuina es aquella en la cual el predicador explica el significado y el mensaje del texto bíblico. (Mohler, 2008, p. 66)

El sermón expositivo toma como base un texto bíblico, ya sea un versículo o un párrafo, al cual se interpreta según el contexto para descubrir el mensaje que el autor bíblico quiso transmitir; luego se estudia su teología, se contextualiza su mensaje y finalmente se ordena de manera lógica para su exposición.

El sermón expositivo goza de prestigio entre los académicos y hay quienes lo defienden como el método por excelencia y el único auténtico. Sin embargo, hay otros modelos legítimos que toman en serio el texto bíblico y que se ajustan mejor al tipo de literatura, al público al que va dirigido y a la ocasión.

Muchos eruditos han propuesto diferentes diseños para el sermón expositivo. El enfoque presentado en este libro remite a los elementos básicos. El lector que por primera vez se acerca a este diseño debe profundizar su conocimiento estudiando otros libros. Aquí se ofrecen las partes esenciales que constituyen el modelo expositivo.

## 6.1 Tema o título

La mayoría de eruditos propone el tema y el título por separado. Algunos conectan el tema con el asunto del que tratarán —por ejemplo, la oración—, mientras que refieren con el título al aspecto específico que abordarán —por ejemplo, principios para la oración efectiva—.

Se recomienda que en algunas ocasiones se use el tema y en otras un título; eso dependerá del texto a exponer, de la ocasión y de la audiencia.

El tema o título surge del contenido del texto, es decir, se debe descubrir qué aspecto particular trata el pasaje. Pueden ser los aspectos distintivos de un cristiano maduro, las características de una iglesia saludable, algunos principios para las relaciones interpersonales, ciertas exhortaciones para una vida consagrada, en fin, ¡hay que dejar que el texto hable!

El tema o título debe ser representativo del texto, redactado de una manera sencilla, clara, precisa y propositiva, es decir, no se debe predicar sobre los textos de manera negativa —por ejemplo, las características de un mal cristiano—. Eso no tiene nada de inspirador, pues seguro Dios querrá hablarle a su pueblo con el fin de que sean buenos cristianos.

El tema debe despertar interés hacia el sermón y ser relevante; para eso, tiene que conectar el texto con su realidad. Evítese un tema que parezca jocoso, pues algunos predicadores, con el ánimo de ser amenos y graciosos para lograr la simpatía con el público, cometen el error de titular sus sermones de una manera chistosa. Lo único que se logra es menospreciar la Palabra de Dios, pues los predicadores no deberían entretener al público. Si las personas necesitaran entretenimiento deberían ir a un circo o al cine, pero si vienen a la iglesia es porque tienen la esperanza de escuchar la voz de Dios.

En nuestro enfoque, el tema se diferencia del título porque incluye una palabra clave que servirá como principio integrador del cuerpo del sermón. Por ejemplo: *Distintivos de una familia saludable* (tema), y *¿Cómo es una familia saludable?* (título). Si observamos, el título tiende a ser más llamativo para el oído del público, mientras que el tema se enfoca en el contenido del texto que será expuesto (distintivos).

Nótese que en este ejemplo se especifica de qué se hablará porque en el tema aparece la "palabra clave", la cual dará estructura al sermón. Obviamente la palabra clave "distintivos" tiene que ser proporcionada por el texto; no se trata simplemente de colocar una palabra clave al azar o porque suene bien para el tema, sino que debe partir del asunto particular que el texto trata.

## 6.2  La introducción

La introducción tiene como propósito presentar el tema; por tanto, debe ser interesante, directa, breve y atractiva. La introducción debe despertar el interés en los oyentes y predisponerlos a escuchar. Este es un gran desafío, pues predicamos en una cultura que cada vez tiene menos disciplina para oír.

Es importante que el predicador conecte el texto con las personas de manera creativa; para ello, debe tener la capacidad de contextualizar el texto bíblico, es decir, hacerles saber a las personas en su introducción que lo que sigue es sumamente importante y debe ser escuchado, ya que tiene que ver precisamente con ellos. Además, deben percibir que Dios les hablará. Tal vez esta última sea la motivación más grande para que el predicador se esfuerce en preparar una buena introducción.

El predicador debe evitar prometer en la introducción algo que no se dará en el sermón, así como caer en lo jocoso con el ánimo de caer bien o para llamar la atención. Cuando los argumentos son sólidos, relevantes y claros, serán suficientes para conectar a las personas con el sermón.

Una introducción debe ser directa, proporcional al contenido y al tiempo que se utilizará. Si se usa una ilustración, debe ser coherente con el tema y debe conectar precisamente con lo que se hablará. Lo más adecuado sería relacionar un suceso, un testimonio o algo de la vida real para que los oyentes sepan cómo aplicar ese texto a la vida real.

## 6.3  La tesis del sermón

La tesis se refiere a la idea central del sermón; es, como afirma Key, «la idea central del sermón en una breve declaración afirmativa» (Key, 2008, p. 168). Es el corazón del sermón, el mensaje resumido o expresado en una sola frase completa, la idea que el predicador quiere demostrar en todo el sermón.

La tesis debe redactarse con mucho cuidado; debe ser fácil de comprender y ser recordada a largo plazo. Además, debe resumir fielmente todo el sermón. Ya que representa la esencia del mensaje, debe surgir del texto mismo. No se trata de que simplemente sea una frase atractiva, sino que debe ser coherente con el texto en particular y conforme con toda la enseñanza de la Escritura.

Cuando el predicador ha establecido contacto con su audiencia y ha logrado conectar el texto con ellos, debe declarar la tesis. Es como la conclusión de la introducción para luego proceder a demostrarla en cada argumento y división del sermón.

La tesis se debe repetir varias veces durante todo del sermón porque se está demostrando que tal afirmación es verdad.

## 6.4 La oración de transición y la palabra clave

La oración de transición ayuda al predicador a pasar de la introducción a las divisiones principales del sermón. Debe caracterizarse por incluir la palabra clave. Por ejemplo, en un sermón sobre la obediencia, el predicador puede redactar su oración de transición así: «En este texto aprenderemos las razones (*palabra clave*) por las que debemos ser obedientes». Como se indica, el cuerpo del sermón desarrollará las razones por las que se debe ser obediente; inmediatamente después, se procede a anunciar la primera razón (división principal).

La palabra clave integra todos los argumentos o divisiones principales del sermón; su función principal es dar coherencia lógica a la estructura del sermón. Se debe tener cuidado con su elección; algunos predicadores fallan en colocarla al azar. Sin embargo, la palabra clave surge del texto mismo porque se refiere a los argumentos que el autor sagrado presenta. El intérprete debe preguntarse: ¿El autor presenta razones, características, demandas, actitudes, cualidades, exhortaciones, instrucciones? Hay que recordar que la palabra clave es sugerida por el texto bíblico.

La palabra clave debe ser precisa, no ambigua ni muy general. Muchos predicadores usan "cosas" o "puntos" como palabras claves, pero son muy ambiguos y por tanto inadecuados.

Establecer una palabra clave ayuda a que el expositor se desenvuelva naturalmente y que el oyente pueda comprender mejor de qué trata el mensaje.

## 6.5 Divisiones principales y secundarias

Un mensaje tan importante debe comunicarse de la mejor manera. Todo predicador desea que las personas escuchen, comprendan y obedezcan lo que la Palabra de Dios dice. Para eso, necesariamente, debe comunicarse con claridad, de manera lógica, y su contenido debe seguir una progresión natural. Eso requiere necesariamente de una estructura lógica, organizada mediante un bosquejo constituido por las divisiones principales y secundarias del sermón, las cuales ayudan a que este sea más convincente, además de que logra dar «un ritmo psicológico y emotivo» (Key, 2008, p. 176).

Las divisiones principales del sermón corresponden a la estructura lógica del contenido bíblico y constituyen los argumentos para demostrar que la tesis presentada es coherente con el pasaje seleccionado y con las Escrituras en general.

La cantidad de divisiones es determinada por el texto. Estas deben ser organizadas de manera lógica; el sermón expositivo permite modificar el orden en el que aparecen en el texto en caso de ser necesario. Lo que determina cómo se agrupan es el sentido lógico necesario para lograr un desarrollo natural, hasta llegar a un clímax que permita que los oyentes sean conmovidos por el mensaje.

Se recomienda que el tiempo se distribuya de manera equitativa entre todas las divisiones.

## 6.6 La conclusión

Es el desafío final que el predicador presenta para que los oyentes obedezcan la Palabra de Dios. Por eso, para algunos eruditos, debe ser el punto de mayor impacto, ya que debe conducir a las personas a la acción, es decir, la verdad expuesta debe aplicarse a la vida de las personas. Por eso, cada sermón debe terminar bien, según su tipo, ocasión y propósito. Por ejemplo: un sermón evangelístico debe invitar a venir a Jesús en arrepentimiento para el perdón de los pecados.

La conclusión debe ser practicable, persuasiva, breve y desafiante. Las personas han de regresar a casa con una verdad clara por practicar.

Algunos textos sugieren naturalmente la conclusión. Otras veces, se pueden resumir los argumentos principales (divisiones) del sermón. Siempre se debe dejar algún elemento de impacto de tal manera que el mensaje termine muy bien.

Obviamente existen otras propuestas de diseño de un sermón expositivo; en este capítulo se han revisado solo los elementos básicos. El lector haría bien en fortalecerlos con la opinión de eruditos tales como James Crane, Jerry Key, Pablo Jiménez, Kenton Anderson, James Braga y otros especialistas.

# CAPÍTULO 7

# Diseño del sermón narrativo

La Biblia es una gran historia: la historia de Dios y su relación amorosa y redentora con la creación. El evangelio es la historia de amor de Dios, que envió a su Hijo para nuestra redención. Es una historia que debemos contar a todo el mundo. Kaiser afirma lo siguiente:

> Dado que tanto el Antiguo como el Nuevo Testamento están ampliamente escritos en forma de historias, la narrativa es la esencia de la revelación bíblica. El cuerpo narrativo amplio de ambos testamentos forma el núcleo de la historia y el mensaje de la Biblia. Eso hace que la comprensión de la narrativa sea esencial. (Kaiser, 2008, p. 67)

La razón es que la narrativa permite la comunicación de manera más vívida, pues los relatos «usan realidades concretas. Dada la descripción vívida de personas y eventos concretos, el que escucha se ve inmerso en sus acciones, luchas y soluciones por medio de un proceso de identificación» (Kaiser, 2008, p. 67).

Esto explica por qué la predicación narrativa es común entre los predicadores de América Latina, especialmente entre los pentecostales, quienes predican contando testimonios y relacionando las historias bíblicas con sucesos que tienen que ver con su historia personal y comunitaria. Esto tiene una profunda relación con la metodología teológica pentecostal, la cual es narrativa.

Actualmente la predicación narrativa tiene mucha acogida; a todos nos gusta oír y contar historias, porque una historia toca de alguna manera las fibras de la vida misma, y cuando un predicador logra conectar las historias bíblicas con la realidad existencial de las personas, el texto bíblico se vuelve más interesante. A la vez, se implica una historia compartida, lo que involucra a la audiencia en la narración, logra que los oyentes se identifiquen con la historia y puedan experimentar la esperanza del evangelio.

Por otro lado, la predicación narrativa es coherente con el género narrativo, que aparece en la Biblia en sus diversas variables.

En América Latina, la predicación narrativa gira en torno a contar historias bíblicas en tercera persona. A continuación se muestra una posible forma de diseñar y predicar sermones narrativos en primera persona, lo cual significa que el predicador toma el lugar de un personaje de la historia que va a contar, tal como se mostrará en el ejemplo.

## 7.1 Partes de la narrativa

Cada historia en las Escrituras transmite un mensaje y, para percibirlo adecuadamente, es necesario comprender la historia y narrarla con todos sus detalles, pues cada uno de ellos fue seleccionado por el autor de manera intencional.

Regularmente la narrativa está constituida por «la escena, el argumento o trama, los personajes, el entorno, el diálogo, los niveles estructurales y los recursos estilísticos o retóricos» (Kaiser, 2008, pp. 68-69). Veamos en qué consiste cada uno de estos aspectos.

*El marco escénico*. Las escenas son las unidades que constituyen la trama y dan origen a la historia. Por tanto, el marco escénico se refiere al contexto en el que surge la historia. El marco escénico establece el argumento y los personajes en un mundo espacio-temporal; allí presenta la situación, necesidad o problema que dará vida a la historia.

En el marco escénico se establecen los personajes que intervendrán en la narrativa. Dentro de las escenas, «el énfasis está colocado en las buenas obras realizadas y en las palabras habladas… con frecuencia Dios es uno de los personajes de la escena» (Kaiser, 2008, p. 69), y frecuentemente, el personaje principal. Es importante comprender esto, pues la Biblia se refiere a la revelación de Dios; por tanto, en cada narrativa hay algo que Dios está comunicando y es deber del intérprete descubrirlo.

Esencialmente el marco escénico tiene que ver con dónde, cuándo y quiénes intervienen en la historia. Por eso, el marco escénico se convierte en una clave de interpretación.

*Trama*. Es el desarrollo de la historia, en la que la situación, necesidad o problema se describe con mayores detalles. Hay más intensidad en los personajes y debe ser la sección más larga de la historia. Deben considerarse todos los detalles para que se comprenda a cabalidad la historia y su mensaje.

En la trama, el diálogo cumple una función muy importante, porque es lo que da vida a la historia. Los pensamientos, las emociones, el conflicto y otros elementos se transmiten y perciben a través de las palabras. Por eso hay que prestar atención a los diálogos que el narrador registró. Sin embargo, también hay que observar cuando el narrador interpreta lo que alguien dijo, ya sea que repita un concepto o idea, que elimine otros o explique algún detalle. Esos elementos ayudan al intérprete a comprender el énfasis que el escritor sagrado quiso transmitir.

Las acciones sirven para interpretar a los personajes, pues «el carácter de una persona se revela a través de sus actos», y «las acciones son, además, piezas clave para la construcción del argumento» (Sánchez, 2005, p. 189). En tal sentido, hay que percibir lo que está más allá de las palabras, es decir, las motivaciones y el fin que se persigue a través de la narrativa.

*Punto culminante o clímax*. El clímax sucede cuando la historia llega a su punto más álgido y la tensión alcanza su máximo nivel. Debe ser un momento lleno de emoción en el que las personas vivan de cerca los sucesos o se sientan identificadas con la historia. Debe generar mucha expectativa en los oyentes. Es el instante en que la situación se complica más para dar paso al desenlace.

*El desenlace*. Tiene que ver con cómo termina la historia y cómo se resuelve el problema o dilema que dio lugar a la narrativa. Es muy importante comprender el desenlace y prestar atención a los detalles porque generalmente allí están concentradas las lecciones atemporales de la historia, las que se convierten en los principios aplicables a nuestro contexto.

*Punto de vista*. Una vez analizada la historia, se debe determinar desde qué perspectiva o postura se relata la misma. Existen cuatro puntos de vista: espacial, temporal, psicológico y teológico.

En el enfoque espacial, el narrador se identifica con un personaje en particular. El punto de vista temporal sucede cuando el narrador se autolimita a relatar la historia tal y como sucedió, sin ser parte de ella. El punto de vista psicológico se da cuando el narrador transmite pensamientos y emociones que experimentaba el personaje que describe. Finalmente, el punto de vista teológico tiene que ver con las evaluaciones, interpretaciones y conclusiones que el narrador estima, ya sea de forma directa o indirecta.

Es importante que el intérprete sepa descubrir cuál es el punto de vista que el autor está dando a la narrativa. Para tal ejercicio, analizar el contexto es determinante.

## 7.2 Identificar a los personajes

Los personajes dan vida a la historia mediante sus acciones y diálogos. Hay por lo menos tres tipos de personajes: 1) *Principales*: ofrecen una variedad de rasgos (algunos los llaman personajes completos) y pueden ser protagonistas, héroes o antagonistas, cuando son villanos. 2) *Secundarios*: se caracterizan por presentar solamente un rasgo o simplemente ofrecer algo a la acción relatada. 3) *Las sombras o personajes de relleno*: están ahí para agregar algo, sin que se les mencione un rasgo importante en la historia.

Edesio Sánchez (2005), citando a Amit, dice que existen indicadores de jerarquía para identificar qué tipos de personajes son los que participan en la narrativa: 1) *Indicador de interés*: es cuando el relato se enfoca en un personaje de diferentes maneras, mientras que los otros quedan relegados a una posición secundaria. 2) *Indicador de cantidad*: se refiere a la cantidad de espacio y atención que se le asigna a un personaje. 3) *Indicador estructural*: tiene que ver con el lugar del relato donde se cita al personaje. 4) *Indicador temático*: se refiere a la evaluación de la naturaleza de las acciones de un personaje en particular, así como a lo importante de las declaraciones de ese personaje relacionadas con el propósito de la narrativa (pp. 185-186).

En la narrativa, también se debe considerar como personajes a tres participantes más: el autor, el narrador y el lector. El narrador puede ser uno de los personajes del relato. En esos roles puede hablar en primera o tercera persona. Para que la historia tenga vida ahora, es importante la participación activa del lector, quien revive la historia junto a los demás personajes del relato. Al respecto, Sánchez dice: «Es necesario que mantengamos en mente que para el autor del relato, el lector es cómplice… La palabra de Dios, viva y eficaz, requiere del lector u oyente para que sea "completa"» (Sánchez, 2005, p. 188). Es decir, tanto el narrador como el oyente deben ser parte del relato. Para lograrlo, el predicador debe contar la historia de una manera magistral para involucrar al oyente; así logrará una mejor respuesta hacia el mensaje del texto bíblico.

## 7.3  Identificar la estructura

La estructura se refiere a cómo el autor integró las escenas, pues cada una de ellas forma una unidad. Cada autor tiene una forma de expresar los acontecimientos, personajes y diálogos —por ejemplo, la repetición de algunos conceptos, frases e incluso oraciones que determinan los énfasis y significados—.

Debe identificarse si el autor incluyó alguna palabra o palabras clave, es decir, palabras que aparecen con mayor frecuencia en momentos importantes en la historia, y reconocer en labios de quién colocó esas palabras. Hay que recordar que nada en el texto bíblico fue colocado al azar, pues cada detalle fue usado con intención, dado el propósito que el autor tenía en mente; incluso las omisiones se dejaron para generar interés, curiosidad, suspenso y sorpresa.

## 7.4  Identificar las figuras retóricas

Existen narrativas en las que el autor necesitó usar ciertos recursos literarios para dar a entender su mensaje. El autor o el narrador pudieron haber usado una parábola, como en el caso del profeta Natán cuando fue a reprender a David por su pecado con Betsabé. Por eso, es fundamental identificar dichas figuras literarias para saber cómo las usó el autor y qué significan ahora.

## 7.5  Interpretar la narrativa

Los tipos de literatura determinan el método de interpretación; por ejemplo, no se puede interpretar una parábola de forma literal porque el lenguaje que usa es figurado.

Para interpretar una narrativa, además de los principios hermenéuticos generales, se deben considerar los siguientes criterios especiales.

*Delimitar la narrativa*. Como cualquier otro tipo de literatura, se deben identificar los límites externos (brechas duras) de la perícopa o pasaje y los límites internos (brechas suaves). Según Sánchez, para marcar las brechas duras, hay cuatro criterios, a saber: 1) cambio de tiempo, tanto cronológico como gramatical; 2) cambio de lugar, por ejemplo de una casa a la calle, región o país; 3) cambio de personajes, quién o quiénes son los actores; 4) cambio de tema, de qué se habla ahora. Es decir, dónde comienza la historia y dónde termina (Sánchez, 2005, p. 184). Para indicar los límites suaves o divisiones internas, conviene que el intérprete divida la narrativa en escenas.

*Identificar cada escena de la narración*. Las escenas son unidades, capítulos o episodios. Se debe prestar atención a los personajes, sus palabras o diálogos, y a las acciones para descubrir el punto de vista del narrador y las razones para registrar esos detalles.

*Analizar el argumento de la narración*. Implica observar y comprender cómo la acción avanza hacia el clímax y cómo el autor da ritmo al argumento y destaca los puntos principales de la historia —por ejemplo, una confrontación entre Jesús y los fariseos, o una necesidad presentada ante Jesús—. El propósito es identificar la naturaleza de la narración. En otras palabras, hay que reconocer cuál es el hilo conductor que sigue el narrador.

*Determinar el punto de vista por el que se registra la narración*. Es importante que el intérprete comprenda claramente cómo cuenta el narrador la historia, en qué personaje de la misma se concentra, si revela los pensamientos de los personajes o agrega una crítica a la acción. No se puede suponer, sino que se debe interpretar siguiendo los principios hermenéuticos para finalmente comprender qué quiere enseñar el autor con esa narración.

*Examinar el diálogo que el autor emplea para narrar la historia*. Hay que observar especialmente el papel que el autor juega en la narración: si es parte de los protagonistas, si interpreta lo que está sucediendo o se mantiene al margen. Hay que identificar esos detalles porque determinan el propósito de la narrativa.

Regularmente el narrador comenta pensamientos del personaje y a veces usa citas directas, lo que se llama monólogo interno. Hay diálogos directos que «ofrecen las dimensiones psicológicas e ideológicas del personaje y ofrecen más dramatismo que la narración exterior. En Jueces 14–16, Sansón hace uso constante de la oración directa (14:1, 3b; 15:8; 16:28)» (Sánchez, 2005, p. 189).

*Considerar las figuras literarias*. Por ejemplo, al analizar un refrán, una doctrina o una parábola, se debe comprender cuál era el primer significado, es decir, cómo se usaba tal recurso en la época bíblica, para luego establecer su significado contemporáneo.

*Descubrir los principios universales o asuntos teológicos*. Detrás de toda historia bíblica, parábola, milagro, etc., hay principios que son atemporales, es decir, que trascienden a toda época y cultura. Es importante que el intérprete comprenda estos detalles para transmitirlos enfáticamente. Ninguna historia bíblica sería relevante si no tuviera nada que enseñar para esta época.

*Interiorizar la narrativa*. El narrador regularmente provoca al lector para que pueda verse dentro de la narrativa.

Una vez se ha realizado el proceso exegético, se concluye esta parte con la elaboración de un bosquejo a partir de una palabra clave que le dé estructura lógica. Este ejercicio requiere seguir la idea del autor para que tenga el mismo efecto que quería producir en sus lectores. Este bosquejo debe estar constituido con los aspectos escatológicos o los principios atemporales que tienen que ver con nosotros hoy.

## 7.6  Partes del sermón narrativo

La mayoría de predicadores que usan la narrativa predican en tercera persona, es decir, narran la historia tal como aparece en las Escrituras y la van aplicando a la realidad de sus oyentes.

A continuación, se presentan las partes constitutivas de un sermón narrativo en primera persona, que cada vez se hace más común, especialmente entre los círculos académicos.

El sermón narrativo debe tener básicamente los siguientes elementos.

*Introducción*. En la predicación tradicional, la introducción sirve para presentar el tema del sermón, pero en el modelo narrativo, sirve para presentar el personaje que el predicador decidió adoptar según el punto de vista de la narrativa. Luego se establece el marco escénico, es decir, dónde y en qué circunstancias surge la trama. Se definen los personajes que darán vida a la historia y luego se da a conocer el conflicto. Por ejemplo, en la conversión de Saulo de Tarso, relatada en Hechos 9:1-19, este punto se vería de la siguiente manera:

Soy Saulo, de la tribu de Benjamín (Filipenses 3:5, pero no se menciona); nací en Tarso, donde pasé mis años de niñez, pero al comienzo de mi juventud me mudé a Jerusalén para continuar con mi educación. En Tarso, como todo buen judío, recibí de la sinagoga y de mi casa la formación básica, pero deseaba apasionadamente ampliar mis estudios de las Escrituras. Así que, a pesar de la tristeza de dejar familia y amigos, me fui a Jerusalén para estudiar bajo la tutela de uno de los rabinos más reconocidos, Gamaliel, quien era un doctor de la Ley, miembro del grupo de los fariseos e integrante del sanedrín.

Aprendí a observar estrictamente la ley y las tradiciones que por años se habían articulado. Consecuentemente me convertí en un fariseo y cada día me esforzaba por agradar a Dios siguiendo los presupuestos de la fe que mi maestro me había heredado (Filipenses 3:5, 6).

Como fariseo, quería que todos vivieran según nuestras tradiciones. Sin embargo, llegó a mis oídos una noticia que me incomodó hasta desatar un instinto asesino en mí. Por boca de muchos, escuché de unos discípulos de un tal Jesús de Nazaret, que se consideraba nuestro esperado Mesías; estos hacían conversos y amenazaban con destruir nuestra religión. ¡Yo no estaba dispuesto a permitir semejante espantajo! Alguien tenía que detenerlos, matándolos si fuera necesario. Yo estaba dispuesto a hacerlo. Así que, con la ayuda de otros, emprendí un plan para destruirlos.

Con la autorización de los principales sacerdotes, encerré a muchos cristianos en Jerusalén; a otros los matamos, como a Esteban. Recorrí todas las sinagogas para castigar a los profanos, forcé a muchos a blasfemar en contra del Cristo que decían seguir. Descargué mi ira contra ellos al punto de que muchos prefirieron salir de Jerusalén.

Sin embargo, mis ansias de matarlos continuaban, porque a donde llegaban, contaban la historia de Jesucristo y ganaban muchos adeptos. Así que decidí expandir mi persecución a las ciudades vecinas, especialmente las más importantes. Por eso solicité la autorización correspondiente de los sacerdotes para entrar en cualquier sinagoga y emprendí el viaje por la ruta más importante de Palestina, Damasco.

El amable lector puede notar que el predicador tomó el papel del personaje secundario, Saulo (Pablo). No me extrañaría que alguien pensara que él debería ser el personaje principal, pero debemos ceder este lugar a Dios, quien es el que lo busca y será el protagonista principal de esta narrativa, algo muy común en muchos relatos bíblicos porque la Biblia es la gran historia de Dios, construida por medio de pequeñas historias.

Además, se anotaron detalles de la vida de Pablo que no aparecen en el texto seleccionado de Hechos, pero son verídicos por cuanto aparecen en otros pasajes bíblicos, como en Filipenses, pero no debe mencionarse la cita bíblica. Además, el predicador ha imaginado otros elementos secundarios, lo cual es algo permitido siempre que estén dentro del marco de la narrativa bíblica y sin caer en la fantasía o la ficción.

*Trama*. Esta parte indica el desarrollo de la acción y debe conducir naturalmente a un punto de tensión o complicación de la narrativa. La acción y los personajes deben estar bien definidos y claros para que el oyente pueda seguir la idea o hilo conductor fácilmente. Continuando con la narrativa de Pablo, este punto se vería de la siguiente manera:

Junto a una compañía emprendimos el viaje con entereza y furia, porque pensaba que defendiendo el judaísmo agradaba a Dios. Era eso lo que más me apasionaba, lo que me motivaba, aun a costa de mi propia vida.

Todavía recuerdo lo de aquel día como si fuera ayer. Mientras tramaba mi ataque camino a Damasco, de repente me rodeó una luz del cielo que sobrepasaba el resplandor del sol; era un resplandor que no pude resistir, así que caí al suelo y, mientras estaba en el suelo e intentaba articular lo que me sucedía, escuché una voz estremecedora que me decía en lengua hebrea: «Saulo, Saulo, ¿por qué me persigues? Dura cosa es dar coces contra el aguijón».

Yo asustado respondí: «¿Quién eres, Señor?». Y me dijo: «Yo soy Jesús de Nazaret, a quien tú persigues». Nunca imaginé tal cosa, pero cuando supe que era Jesús, entendí que verdaderamente él era el Mesías prometido y me aterré porque sabía que los enemigos del Señor han sido destruidos. Pero en ese instante, Jesús me dijo: «Levántate y ponte sobre tus pies; porque para esto he aparecido a ti, para ponerte por ministro y testigo de las cosas que has visto, y de aquellas en que me apareceré a ti, librándote de tu pueblo y de los gentiles a quienes ahora te envío para que abras sus ojos, para que se conviertan de las tinieblas a la luz, y de la potestad de Satanás a

Dios; para que reciban, por la fe que es en mí, perdón de pecados y herencia entre los santificados» (Hechos 26:15-18 RV60).

Fue muy impactante escuchar la asignación divina. Muchas imágenes pasaron por mi mente y seguramente el Señor lo notó; por eso agregó: «Ve a Damasco, en la calle que se llama la Derecha, busca a Judas para hospedarte, y allí se te dirá que hacer» (Hechos 9:11 RV60).

*Giro*. En este momento, la tensión llega a su clímax; la situación se complica aún más para luego dar paso al desenlace. ¡Debe haber mucha emoción! Sigamos con el ejemplo de Saulo:

De inmediato intenté levantarme, pero noté abrumado que había quedado ciego al contemplar el resplandor de la gloria de Dios, así que ayudado por los que iban conmigo, fui conducido a la casa de Simón donde tuve tiempo para meditar en lo que me había sucedido y en las palabras que Jesús me dirigió. Una y otra vez me quebrantaban, al extremo de perder el apetito.

Era impresionante saber que Dios tenía todo planificado para mí. ¡Sin merecerlo me había escogido para ser colaborador de su plan de redención, que desde hacía mucho tiempo había diseñado y venía ejecutando! Todos los elementos necesarios coadyuvaban a su propósito. Pues, mientras yo meditaba en casa de Simón, él le daba una visión a Ananías, un discípulo piadoso, a quien le ordenaba buscarme para ministrarme y confirmar el mensaje que me había dado días atrás.

Ananías, temeroso, porque sabía que yo había emprendido una persecución contra los discípulos de Cristo, se resistía a ir, pero finalmente obedeció a la visión que Dios le había dado, fue a Damasco a buscarme y al encontrarme me dijo: «Hermano Saulo, el Señor Jesús que se te apareció en el camino por donde venías, me ha enviado para que recibas la vista y seas lleno del Espíritu Santo» (Hechos 9:17 RV60). En aquella misma hora recobré la vista y me dijo nuevamente: «El Dios de nuestros padres te ha escogido para que conozcas su voluntad, y veas al Justo y oigas la voz de su boca, porque serás testigo suyo a todos los hombres, de lo que has visto y oído. Ahora pues, ¿por qué te detienes? Levántate y bautízate y lava tus pecados, invocando su nombre» (Hechos 22:14-16 RV60).

***El desenlace***. La tensión termina y se resuelve el problema o situación que dio lugar a la narrativa. Siguiendo el ejemplo, podría verse de la siguiente forma:

> Inmediatamente me levanté y me bauticé en agua en el nombre de Jesucristo. Habiendo recuperado las fuerzas, comencé a predicar a judíos y gentiles. Muchos de los que me escuchaban se admiraban, mientras que otros se sentían amenazados por mi pasado, pero me esforcé por hacer la obra que Dios me había encomendado. El encuentro que tuve con él transformó mi vida. Ahora sabía que Jesús de Nazaret era el Mesías, y ¡ay de mí si no lo predico!

***Oración de transición***. Esta oración es muy útil y sirve para varios propósitos. Primero, para pasar en la narración de la primera a la tercera persona; aquí el predicador ya no continúa con el personaje de Saulo.[2] Segundo, se menciona la cita bíblica donde está registrada la historia para que las personas que todavía no están familiarizadas con ella sepan dónde encontrarla. Tercero, se menciona la verdad central de la narrativa (equivalente a la tesis en la predicación expositiva).

Esta oración debe hacerse con mucho cuidado para que las personas reconozcan que lo que sigue ya no pertenece a la historia bíblica, sino que es la interpretación del predicador. También sirve para mencionar el título o tema que hemos elegido para el sermón.

Nuestro sermón sobre Saulo podría continuar de la siguiente manera:

> Estimados hermanos, encontramos esta historia en Hechos 9:1-19. Al igual que a Saulo, ahora Jesucristo continúa revelándose a hombres y mujeres para transformarles la vida, porque *todo aquel que se encuentra con Cristo experimenta una transformación* (verdad central). Por eso, he titulado este sermón: "Un encuentro transformador".

Como puede apreciarse, la narración cambia de primera a tercera persona. En círculos donde todas las personas están familiarizadas con la Biblia, no habría problema en desarrollar todo el sermón en primera

---

[2] En nuestro modelo, se sugiere que la primera parte sea en primera persona —es decir, el predicador interpreta a algún personaje de la narrativa— y luego pase a la tercera persona para ofrecer aplicaciones de esa narrativa.

persona, pues los oyentes comprenderán qué contenido corresponde a la historia y cuál pertenece a la interpretación del predicador.

*Consecuencias escatológicas*. Tiene que ver con la aplicación de las verdades que la narrativa en cuestión tiene para enseñarnos en este tiempo. Se refiere a las lecciones para nosotros. Obviaremos el ejemplo porque esta parte es muy común y no requiere de mayor tratamiento.

*Conclusión*. Para la conclusión, ha de conservarse un elemento que genere impacto en las personas e invite a revivir dicha historia. Sigamos con nuestro ejemplo:

> Cuando Saulo se encontró con Cristo, su vida fue trasformada y se le dio una nueva vocación que cumplió con esfuerzo, pasión y fidelidad. Al final de su vida dijo: «He peleado la buena batalla, he acabado la carrera, he guardado la fe. Por lo demás, me está guardada la corona de justicia, la cual me dará el Señor, juez justo en aquel día, y no solo a mí, sino también a todos los que aman su venida» (2 Timoteo 4:7, 8).
>
> Al igual que a Saulo, Dios se ha revelado a nosotros y seguramente nuestra vida ha sido transformada y hemos recibido una asignación divina, una nueva vocación. Seamos fieles en cumplir nuestra tarea y honremos al que nos ha llamado, a Jesucristo.

Es en este momento cuando se procede a desafiar a las personas a responder positivamente al llamado de Dios.

## 7.7 Observaciones generales

1. Cuando se predica narrativamente hay dos opciones básicas: *a)* El predicador toma parte de un personaje según el propósito que el autor indique. Puede ser el personaje principal, uno secundario o una sombra (es decir, alguien que vio la escena y la relata). En este caso, el lenguaje que se utiliza es el de primera persona. *b)* Contar la historia en tercera persona, lo cual es muy común en los púlpitos de América Latina.
2. Al predicar narrativamente, el predicador debe iniciar contando la historia; debe realizar su saludo desde la posición del personaje

que ha decidido interpretar —por ejemplo: «Buenas tardes, soy Pablo de Tarso y hoy quiero contarles…»—.

3. Cuando se predica en primera persona, no se lee el texto bíblico, como acostumbran muchos predicadores, sino que se cuenta la historia y cuando se hace la oración de transición se menciona la referencia bíblica, pero no se vuelve a leer el texto, a menos que sea para resaltar unas frases importantes que sustentarán las consecuencias escatológicas.

4. La idea de la transición hacia las implicaciones escatológicas tiene que ver con que las personas que no conocen la historia puedan hacer la diferencia entre lo que el texto bíblico dice y la interpretación y aplicación del predicador.

5. Se puede utilizar la imaginación, pero dentro del contexto del pasaje. Se debe evitar inventar detalles que el texto no indique; también se deben evitar frases jocosas dentro de la narrativa para no vulgarizar el texto.

6. Se debe colocar un título al sermón y se lo debe mencionar en la oración de transición o en las consecuencias escatológicas, según sugiera el desarrollo del sermón.

Este tipo de predicación cada vez se hace más popular por su naturaleza y porque permite recrear las escenas bíblicas, haciendo más vívido el texto sagrado.

# CAPÍTULO 8

# La predicación multisensorial

El sermón multisensorial o visionario, como lo llama Anderson, es la «forma más dominante de predicar en muchas iglesias emergentes. Las generaciones más jóvenes parecen buscar una experiencia afectiva que no sacrifica la profundidad y la convicción de la predicación deductiva» (Anderson, 2010, p. 211). Es decir, las generaciones emergentes formadas por nativos cibernéticos y acostumbradas a los estímulos diversos de la tecnología esperan que el sermón también les sea presentado en el lenguaje al que están habituadas.

A mi entender, la predicación multisensorial es aquella que busca presentar el mensaje bíblico a través de la integración de los recursos tecnológicos, artísticos y los principios de las ciencias de la educación contemporánea.

El sermón multisensorial busca estimular todos los sentidos posibles, pues mientras más sentidos se integran en la percepción de un contenido, la comprensión y el aprendizaje son más efectivos.

## 8.1 Naturaleza de la predicación multisensorial

Como se ha indicado, la predicación multisensorial integra recursos tecnológicos, lecciones objetivas y artes escénicas. Responde a las formas en las que las generaciones emergentes se comunican: son más visuales y con mayor estimulación de los sentidos para generar una mejor experiencia en el proceso de comprensión y retención de contenidos.

En cuanto al arreglo del sermón multisensorial, no existe un patrón único; puede seguir el patrón de un sermón narrativo, expositivo o temático al que se le agregan elementos tecnológicos, artísticos o lecciones objetivas que harán más vívido el mensaje bíblico. Por eso Anderson recomienda al predicador que «sienta físicamente su texto.

Utilizando cada uno de los cinco sentidos, describa, lo mejor que pueda, cómo se ve, sabe, huele, suena y se siente el texto» (Anderson, 2010, p. 216). Cuantos más sentidos se involucren, mejor será el efecto que la Palabra de Dios producirá en el oyente.

Algunos alegan que dicha predicación diluye el mensaje de Dios por cuanto es un espectáculo. Sin embargo, esto no es así por las siguientes razones. Primero, en toda la Escritura encontramos evidencia de la predicación multisensorial, tanto de parte de Dios como de los profetas. La Biblia habla de un Dios que se revela multisensorialmente. Kimball afirma lo siguiente:

En la Escritura, desde el Génesis hasta el Apocalipsis, vemos despliegues no solo de adoración multisensorial, sino también de enseñanza multisensorial. Dios utiliza lecciones objetivas, eventos milagrosos y despliegues sobrenaturales de su poder para ayudar a que la gente aprenda acerca de Él y responda en adoración. Él no solo habló, lo hizo desde una zarza ardiente. Él no solo dictó las leyes, las escribió con su propio dedo. Él no solo guio a Israel a través del desierto, los condujo bajo una columna de fuego y nube. Jesús no sanó simplemente al hombre ciego, hizo lodo con su saliva y se lo untó en los párpados. (Kimball, 2009, p. 158)

Así lo hicieron también los profetas. Jeremías tuvo que llevar un yugo en sus hombros, Isaías caminó desnudo por todo el pueblo durante tres años (Isaías 20:3), Ezequiel se acostó de costado por semanas, construyendo pequeñas villas en miniatura con lodo (Ezequiel 4). En fin, hay mucha evidencia bíblica de que los profetas usaron diversos recursos visuales para que las personas comprendieran el mensaje de Dios.

En 1 Juan 1:1 encontramos de manera contundente que los sentidos del oído, la vista y el tacto participan activamente en la comprensión de la revelación de Dios. El texto dice: «Lo que era desde el principio, lo que hemos oído, lo que hemos visto con nuestros ojos, lo que hemos contemplado, y palparon nuestras manos tocante al Verbo de vida…». Como podemos ver, podemos percibir la revelación mediante los sentidos.

Jesús también fue muy creativo al usar los recursos de su contexto, categorías cotidianas que las personas podían comprender fácilmente para representar conceptos abstractos y espirituales. Recurrió a recursos objetivos: tomó a un niño para explicar la actitud de los discípulos en el reino de Dios, usó lodo para sanar, hizo que sus discípulos vieran los campos y les permitió experimentar la confrontación con los demonios, entre otras experiencias multisensoriales que favorecían que el aprendizaje fuera mejor.

Por otro lado, el sermón multisensorial integra las teorías de aprendizaje, pues las personas aprendemos de diferentes formas. Hay quienes aprenden escuchando, para quienes el monólogo es un deleite. Otros aprenden mejor viendo. Otros aprenden más fácil a través del movimiento, la actividad y el tacto; estas personas son conocidas como quinestésicas. La predicación multisensorial sugiere la interacción del texto bíblico con sonidos, colores, dramas y cualquier recurso que permita la objetividad y el estímulo de los sentidos. Esta es la razón por la que muchos predicadores también hacen que las personas repitan ciertas frases: quieren hacer una predicación interactiva.

También debemos reconocer que Dios nos hizo seres multisensoriales, nos dio sentidos a través de los cuales nos relacionamos con el medio donde existimos y captamos la información. Por eso, cuanto más utilicemos los sentidos, mejor serán la atención, comprensión y retención de la información, competencias básicas del aprendizaje.

Blackwood afirma que la predicación multisensorial ayuda a varios propósitos: 1) ganar más pronto la atención de la audiencia y mantenerla por más tiempo; 2) aportar mayor claridad a la enseñanza; 3) generar retención a largo plazo; 4) fomentar su aplicación; y 5) lograr que la enseñanza y el aprendizaje sean más divertidos (Blackwood, 2009, p. 21). Todos estos son objetivos que todo buen predicador desea lograr. Por lo tanto, el sermón multisensorial es una excelente alternativa para comunicar el evangelio en este tiempo.

## 8.2 Elementos para la predicación multisensorial

*Planificar la predicación*. Ya que la predicación multisensorial integra elementos tecnológicos, artísticos y objetos, es importante que el predicador tenga un equipo con el que considere los contenidos y diseñe los elementos adecuados a usar en cada sermón. La improvisación sería fatal porque una mala presentación entorpecerá la comunicación en vez de hacerla más comprensible.

Para poder integrar esos elementos en la predicación, también se requiere practicar anticipadamente para que todo salga bien.

*Integrar un equipo multidisciplinario*. La predicación multisensorial requiere de un equipo con diversas capacidades. Están los que predican, quienes deben prepararse adecuadamente. Se requiere de técnicos que manejen las luces, el sonido, proyecten los videos y demás recursos. También están aquellos que pueden ayudar con las artes: danza, alabanza, dramas y otras expresiones artísticas que darán vida al texto.

*Buscar siempre la excelencia*. La excelencia es el resultado del esfuerzo, el trabajo y la responsabilidad. Para llegar a ella se debe preparar y ensayar cada elemento, ya sea un drama o la proyección de un video, todo debe estar bien preparado para que dicho elemento no sea un distractor.

Cualquier objeto que se utilice debe estar bien planificado y ensayado, y se debe asegurar que verdaderamente contribuya a la explicación y asimilación del mensaje bíblico; de lo contrario, entorpecerá la comunicación.

*No sustituir el mensaje o contenido bíblico por los accesorios*. Muchas veces, con el ánimo de ser relevantes, se busca agradar al oído de la audiencia o el entretenimiento más que la efectividad en la exposición de la Palabra de Dios. Los recursos tecnológicos y artísticos son accesorios que han de ayudar a comunicar mejor el mensaje bíblico, y nunca deben sustituir el contenido de la Palabra de Dios.

Las nuevas generaciones han perdido el gusto por los monólogos, por eso es importante que las iglesias que quieran tener futuro integren poco a poco la predicación multisensorial en sus congregaciones. La comunicación en este siglo está basada en el uso de la tecnología y cada vez más la formación y la enseñanza son multisensoriales, por lo que nuestros jóvenes están siendo programados para aprender en este estilo.

# CAPÍTULO 9

# La retórica al servicio de la predicación

El evangelio es la mejor noticia que una persona puede escuchar; por consiguiente, amerita cualquier esfuerzo para darlo a entender, especialmente a través de la predicación. Y aquí amablemente ofrece sus servicios la retórica, pues

> tiene la función reveladora al hacer que el oyente entre en sí, razone en su interior, y que desde este ensimismamiento salga renovado habiendo descubierto lo que es más real que él mismo, a saber, Dios… La palabra adecuada tiene funciones terapéuticas, sana y libera. La elocuencia en el discurso es como un bálsamo refrescante para el intelecto, como un condimento que sazona los alimentos menos digeribles para hacerlos más agradables al paladar. (Ropero, 2015, p. 105)

La retórica ayuda a que el mensaje de Dios sea más comprensible y más atractivo.

La predicación es una actividad divino-humana, porque es la comunicación de la Palabra de Dios por medio de la palabra humana; por eso, quienes predican deben considerar los procesos de comunicación.

Para poder comunicarse es importante codificar el mensaje en forma compatible con el medio. Es decir, se deben buscar palabras, «señales o símbolos que les permitan a los otros comprender el mensaje transmitido» (Jiménez, 2003, p. 45). Con este propósito, la retórica gentilmente ofrece sus servicios a la predicación, pues no basta con tener un mensaje, sino que hay que saber comunicarlo efectivamente.

La retórica es «el arte de hablar en público con eficacia» (Ropero, 2015, p. 98). Una definición más amplia indica que la retórica es la disciplina que estudia la forma y las propiedades de un discurso. Se enfoca en la construcción y comunicación de las palabras más adecuadas para transmitir un contenido y para lograr un objetivo específico, junto a los elementos corporales requeridos y el contexto de lo que se quiere trasmitir para lograr comprensión, deleite y persuasión. Es decir, se refiere a la forma como se dicen las cosas, considerando el efecto que se quiere lograr.

En el contexto de la predicación, la retórica significa elegancia en la entrega del mensaje: «Hablar como el oyente quiere y como Dios manda». También puede nombrar «la forma externa del sermón que se obtiene mediante la selección adecuada de imágenes y frases que dan amenidad, estética, color y fuerza a las ideas» (Vila, 1984, p. 83).

La retórica ha sido necesaria en la revelación de Dios. «Las formas de expresión de los autores inspirados es retórica en esencia; esto es más que evidente cuando se recuerda que antes de ser libro, la revelación fue predicación oral» (Ropero, 2016, p. 100). Por lo tanto, para la predicación efectiva se deben considerar los principios básicos de la comunicación humana.

## 9.1 Conceptos fundamentales en el proceso de comunicación

*La palabra*. La predicación bíblica exige la comunicación hablada. Así lo hizo Jesús, así lo hicieron los apóstoles y así lo hace actualmente la iglesia, pues las palabras son el vehículo de las ideas, pensamientos, sentimientos y todo lo que la mente humana pueda imaginar.

Además, las palabras son muy poderosas. Ellas pueden estimular, persuadir, animar y crear; por eso se debe tener cuidado a la hora de hablar, particularmente en la predicación, porque se puede edificar o destruir la vida humana.

*La verdad*. La retórica no existe para adornar el discurso, sino porque la verdad es elegante; así lo afirma Ropero:

> El predicador procura la excelencia en su discurso no para entretener al oyente…, sino para impresionar el ánimo con el gusto de la verdad, la salvación y la justicia, de modo que cada oyente sea en todo momento como el hijo pródigo que vuelve en sí (Lucas 15:17) para emprender el camino de vuelta al hogar, a la casa del padre. (Ropero, 2015, p. 105)

La verdad debe ser agradable porque es la presentación de la persona de Jesús (Juan 14:6). Por tanto, la retórica no tiene que ver con adulaciones, sino con el traje elegante del mensaje que se comparte. Es importante comprender que existe una relación entre la revelación de Dios y la verdad, así como entre la predicación y la veracidad. Es decir, la predicación no admite mentira, ni manipulaciones, sino solo la verdad de Dios.

*Las imágenes*. «Una imagen vale más que mil palabras», reza el viejo proverbio. La mayoría de las reacciones mentales están asociadas con imágenes. Por eso, para seguir una exposición de verdades abstractas es necesaria cierta disciplina mental, pero esta se hace más fácil cuando se utilizan imágenes que describen las palabras o conceptos abstractos. Para eso hay que partir de la condición de los oyentes e ilustrar mediante imágenes mentales, apelando a todos los sentidos del ser humano. Las figuras retóricas o literarias son herramientas útiles para este ejercicio.

En la retórica o elocuencia, las imágenes son grandes compañeras de la palabra porque ayudan a crear mapas mentales o referencias de los conceptos que se están trasmitiendo a los oyentes.

*La descripción*. Todo lo creado puede ser descrito por la palabra. Formas, colores, texturas, posiciones, movimientos y sentimientos deben ser descritos por el predicador. La descripción apela a la imaginación y permite recrear escenarios para una mejor comprensión de lo que se está comunicando.

Los predicadores deben ser extraordinarios para describir, especialmente porque deben recrear escenarios bíblicos en las mentes de sus oyentes para que puedan revivir el texto; deben imaginar juntos los sucesos bíblicos para lograr percibir que el texto bíblico también tiene sentido o significado para ellos.

El uso de figuras retóricas enriquece la descripción, por lo que el predicador debe conocerlas. En ciertos momentos deberá hacer uso de la hipérbole para enfatizar alguna idea, otras veces usará la comparación.

*La personalidad*. Lo primero que el orador transmite es quién es. Por eso, los mensajes más importantes son aquellos que el orador transmite con toda su persona: con sus movimientos, con sus gestos, con sus atuendos, con el tono de su voz y lógicamente con el contenido de su mensaje.

El predicador debe reconocer que sus palabras lo delatan, dicen lo que piensa, lo que siente, lo que es; el predicador se proyecta en cada sermón. Por eso es importante que refleje con su vida lo que predica; de lo contrario, quienes lo escuchan no le creerán. El predicador dice más con lo que es que con sus propias palabras.

*La escritura*. Escribir conlleva precisión sin igual y un manejo correcto del lenguaje.

Todo predicador debe escribir su sermón. Eso le permitirá una mejor claridad y precisión en lo que quiere comunicar; de lo contrario, improvisará y dirá ideas inapropiadas. Lastimosamente muchos de los predicadores de América Latina no están acostumbrados a escribir; como máximo, logran hacer un bosquejo. Está bien llegar al púlpito con un bosquejo cuando ya se ha memorizado el contenido del sermón.

Cuando se escribe un sermón o discurso, debe hacerse para el oído de quien escuchará, es decir, se debe considerar cuáles son las palabras más adecuadas que las personas comprenderán.

Los mejores criterios para escribir son la sencillez, la claridad y la precisión. Para lograrlos, todo predicador debe leer y escribir mucho.

*La lectura*. En algún lugar leí que cuando se lee bien las Escrituras, se tiene medio sermón garantizado; lo demás es puro comentario.

En nuestro contexto guatemalteco y en América Latina, son pocos los predicadores que leen sus sermones porque muy pocos los escriben. Sin embargo, hay que leer las Escrituras y esto debe hacerse bien. Para leer bien se deben tomar muy en cuenta los signos de puntuación porque dan sentido y vida al texto.

## 9.2 Actitudes personales requeridas para la buena comunicación

La retórica exige un orador con condiciones físicas y morales aceptables, tales como: la buena presencia, el rostro expresivo acorde a lo requerido (es decir, cuando hable del pecado debe mostrar con su expresión lo terrible que es, pero cuando hable de la gracia debe irradiar gozo), la voz intensa y bien timbrada, la elegancia de ademanes y sinceridad, etc.

Otras actitudes son:

*Convicción*. Es la certeza de lo que se dice. Implica creer en lo que se está afirmando. Cuando alguien cree profundamente algo tendrá la solvencia y condiciones para decirlo con sentimiento profundo y sostenerlo. Así logrará persuadir a quienes lo escuchan.

*Simpatía*. La simpatía tiene que ver con la inclinación afectiva hacia otra persona. En el contexto de la predicación, la simpatía tiene que ver con el arte de decir la verdad con gracia y sin ofender.

Aunque el predicador tiene una función profética y de confrontación, eso no implica que deba ofender a las personas. Además, la gentileza es parte del carácter cristiano.

*Pasión*. Es el sentimiento profundo que acompaña las palabras. Es sentir hondamente lo que se dice. Es la pasión lo que logra conmover el corazón y la mente humana. Requiere vehemencia, fuerza, energía y convicción, aunque no precisamente gritos.

Cuando un predicador no es capaz de vivir apasionadamente lo que está diciendo, no puede esperar que su audiencia sea conmovida a la acción. Se requiere pasión para hablar de Dios y de su verdad.

*Entusiasmo*. Para los griegos, entusiasmo significaba tener un dios dentro de sí. La persona entusiasmada, por lo tanto, era aquella guiada por la fuerza y la sabiduría de un dios, capaz de hacer que ocurrieran cosas. El entusiasmo es considerado como el motor que empuja a la acción en las personas. Un predicador sin entusiasmo es patético.

## 9.3 Habilidades requeridas para la comunicación efectiva

*Uso adecuado de la voz*. La voz es la mejor herramienta con la que cuenta cualquier predicador. La voz es el vehículo de las palabras, que a la vez transmiten conceptos. Es importante que el predicador cuide su voz, que la module correctamente y le dé el ritmo preciso.

*Claridad y sencillez*. La claridad es la capacidad de darse a entender. Para lograrla es necesaria la sencillez, pues una palabra concreta y conocida será mejor que una abstracta o extraña.

*Gesto*. El gesto es el lenguaje universal y ha querido ser el compañero inseparable de la palabra, que siempre busca interpretarla. Por tanto, debe ser acorde a las palabras, es decir, expresar lo que el concepto indica.

*Elegancia*. Tiene que ver con el vestir bien y hablar correctamente. La presencia humana va asociada con el traje. Es importante que el predicador sepa vestir sin parecer ostentoso, pero sin rayar en el descuido. A la vez, es importante que hable bien, utilizando las palabras correctas.

*Contacto visual*. Cuando se habla en público, es necesario establecer una conexión con la audiencia, así como un ambiente de confianza. El contacto visual es un elemento determinante, ya que permite observar la reacción de las personas y generar cierto vínculo de interacción.

## 9.4  Uso de figuras retóricas

Las figuras retóricas permiten más claridad y precisión en la comunicación, especialmente cuando se trata de conceptos subjetivos e ideas abstractas.

Las figuras retóricas permiten captar el interés y permanecen más tiempo en la mente porque tienen la capacidad de estimular la imaginación para conectar una proposición abstracta, lo cual permite más comprensión y retención.

Por ejemplo: la metáfora sirve para hacer comparaciones; la personificación atribuye a un objeto inanimado una cualidad humana; y la hipérbole ayuda cuando se requiere una exageración o disminución deliberada de las acciones o cualidades. Hay muchas figuras retóricas, pero bastan estos ejemplos para indicar que estos recursos literarios ayudan a explicar contenidos abstractos.

## 9.5  Condiciones ambientales

Las condiciones ambientales ayudan o entorpecen la comunicación. Entre los factores clave se encuentran los siguientes:

*El sonido*. Debe ser una herramienta, no un distractor. Es importante tener un sonido adecuado y una ecualización que contribuya a realzar la voz del orador y no a incomodar a los oyentes. Un sonido muy alto es perjudicial, al igual que uno con poco volumen.

*El espacio físico*. El escenario y los accesorios deben ser intencionalmente integrados. Además, el espacio físico debe permitir al predicador ciertos movimientos corporales elegantes. La cercanía física con el público ayuda a mantener la atención y propicia cierto grado de intimidad.

*Tiempo y contenido adecuado*. Las personas tienen la capacidad de prestar atención y retener contenidos sintetizados. La ocasión y el público determinan el tiempo.

Cuando la comunicación es oral, solo se tiene una oportunidad para hacerse entender. Por tanto, se debe aprovechar el momento siendo cuidadosos con cada palabra, manteniendo un tono y un ritmo adecuados, utilizando las figuras retóricas apropiadas para comunicar el mensaje.

# CAPÍTULO 10

# Pautas para la predicación bíblica contemporánea

Los predicadores y pastores estamos en la búsqueda del mejor modelo de predicación, un modelo práctico que integre la fidelidad a las Escrituras y responda a las necesidades de nuestra gente.

En términos de modelos sermonarios, ninguno es perfecto, todos tienen ciertas ventajas y desventajas; al final, la eficacia no reside únicamente en el modelo, sino en varios factores, como la capacidad del predicador para interpretar el texto, la habilidad para organizar el material bíblico y transmitir el mensaje de Dios, el clima espiritual que forman el predicador y los oyentes, las condiciones ambientales, entre otros.

En este último capítulo queremos ofrecer, a manera de conclusión, tres pautas para la predicación: la fidelidad bíblica, la contextualización y el poder del Espíritu Santo.

## 10.1  Predicar la Biblia

La predicación cristiana debe ser fiel a las Escrituras. Esto no se refiere al hecho de leer las Escrituras antes de predicar o de referirse a algún texto bíblico de vez en cuando, mucho menos a malinterpretar el texto. Cuando hablamos de fidelidad bíblica estamos indicando un análisis responsable del texto sagrado, donde se promueve que el autor de las Escrituras hable una vez más. Es propiciar el momento para que Dios hable y nuestra audiencia pueda oírlo claramente.

Desafortunadamente las Escrituras están ausentes de los púlpitos y la vida cotidiana . Por eso se hace necesario un modelo de predicación que tenga un verdadero compromiso con las Escrituras; esto implica tomar en cuenta varias cuestiones.

### 10.1.1 *Reconocer la inspiración divina de la Biblia*

Conviene que el predicador reconsidere sus creencias sobre la inspiración de las Escrituras. La Biblia es producto de la revelación de Dios al hombre mediante palabras y acontecimientos. La Biblia fue escrita por hombres inspirados por el Espíritu de Dios.

### 10.1.2 *Predicar según los géneros literarios*

Los autores bíblicos registraron la revelación de Dios con un estilo propio, de forma tal que respondiera a lo que querían comunicar. Los géneros literarios básicamente son formas o estilos en los que el autor comunicó sus ideas.

En la predicación, los géneros literarios sugieren qué estilo de predicación utilizar. Por ejemplo, para las epístolas queda muy bien el estilo expositivo, pero para las narraciones y milagros es mejor utilizar la predicación narrativa.

Debemos ser fieles al texto bíblico, no solo en su contenido, sino en su forma. Por eso la predicación posmoderna debe ser variada; los diferentes estilos harán que haya una expectativa en la audiencia por escuchar la Palabra de Dios.

### 10.1.3 *Predicar a Jesucristo*

En la posmodernidad, las personas siguen buscando a Dios. Por eso la predicación debe mostrar claramente a Jesucristo en todas las Escrituras. Jesús es el camino, la verdad y la vida, y las personas deben ver en cada sermón el camino que les conduce a la verdadera vida, la verdad que las hace libres para disfrutar en plenitud el don de la vida que Dios les ha dado.

Hay mucho vacío en la predicación; es por eso que las sociedades se han vuelto seculares, al no encontrar ni en la iglesia ni en la predicación a Jesús.

### 10.1.4 *Predicar proféticamente*

Predicar la Biblia implicará una "experiencia profética" que apunta a la crisis del pueblo y de sus instituciones, y a la esperanza mediante la modificación de la conducta y la conversión. Los predicadores deberían ser los primeros convertidos a la Palabra que predican.

Predicar proféticamente implica confrontar el pecado y mostrar el camino de Dios. Esto hace la diferencia entre el falso y el verdadero predicador (profeta). En palabras de Arnold:

El falso profeta es aquel que promueve el *statu quo*, la continuidad del mal, anunciando falsamente una felicidad y una recompensa que se ahorrarían la prueba. Estos son lacayos del poder religioso o político de turno, denunciado por la verdadera profecía. El "verdadero profeta" es siempre la primera víctima de lo que proclama en nombre de Dios. Es silenciado, perseguido, maltratado y finalmente excluido. Testigo de la gracia que cuesta como surgimiento de lo nuevo en el caos, la profecía es anticipación de un mundo recreado y de una historia de conversión. (Arnold, 2015, p. 27)

Un mundo flagelado por el pecado como el nuestro necesita a gritos la participación de predicadores-profetas que muestren el pecado y señalen el camino correcto hacia Dios.

## 10.2 Contextualizar la Palabra de Dios

Muchos predicadores han descuidado la fidelidad a las Escrituras, pero otros han descuidado la "fidelidad" al hombre de hoy, olvidando que las personas de este tiempo tienen luchas, preocupaciones, necesidades, esperanzas y sueños. De hecho:

Los predicadores eficaces explican y demuestran cómo la enseñanza bíblica marca la diferencia en el mundo contemporáneo. Ellos no solo dan conceptos, ideas y verdad bíblica, sino que también apuntan con esa enseñanza bíblica a las necesidades de sus oyentes... [Los predicadores] reconocen que no predicamos a las nubes. No predicamos a bancos vacíos. No predicamos a una masa sin rostro. Predicamos a personas, personas golpeadas, confundidas por la vida, personas que necesitan saber cómo la Palabra de Dios marca la diferencia. (Overdorf, 2009, p. 31)

Para eso hay que conocer al hombre y su entorno, su situación histórica. Las teologías contextuales han realizado este ejercicio, pues parten del contexto para buscar respuestas en el texto bíblico. Hay que aclarar que no siempre han sido buenos los resultados, pero el principio es admirable: la Biblia debe responder a las necesidades del hombre.

## 10.2.1 La contextualización

La predicación debe entenderse también como un esfuerzo por actualizar la Escritura. Ropero afirma al respecto lo siguiente:

La predicación interpreta actualizando las verdades bíblicas del pasado en relación a la situación presente y a las necesidades del momento de la congregación. La predicación actualiza la Escritura haciendo relevante su mensaje como si estuviera escrita para la comunidad concreta que se reúne en torno a ella para escuchar lo que Dios tenga que decirle. (Ropero, 2015, p. 133)

En términos misionológicos, contextualizar implica un proceso de adaptación de la presentación del evangelio a un grupo humano determinado, respetando su cultura, cosmovisión, valores y aspiraciones, con el fin de que el mensaje del evangelio sea mejor comprendido.

Keller define la contextualización con las siguientes palabras:

Traducir y adaptar la comunicación y el ministerio del evangelio a una cultura en particular sin poner en peligro la esencia y los rasgos del evangelio mismo… Un evangelio contextualizado está marcado por su claridad y atracción, aunque reta la autosuficiencia de los pecadores y los llama al arrepentimiento. (Keller, 2012, pp. 97-98).

El proceso de contextualización entonces parte de la cultura,[3] pero siempre mira hacia la verdad absoluta del evangelio de Dios. Se conecta con la cultura, pero la confronta desde las verdades de Dios.

Para lograr el proceso de contextualización se requiere conocer las narrativas culturales.[4] Cuando se conectan las narrativas de los pueblos con las bíblicas, se debe mostrar la supremacía de la Palabra de Dios.

También se requiere tomar en serio la cultura. De manera sencilla, hablar de cultura implica la lengua, la música y el arte, las costumbres

---

[3] Hay cuatro elementos que constituyen la cultura. Primero, la cosmovisión, que se refiere a las creencias. En segundo lugar, los valores, que definen lo bueno, verdadero y hermoso. Luego surgen las instituciones desde donde se ejercen las leyes, la educación o la vida familiar. Finalmente, las costumbres y conductas humanas. La cultura afecta toda la vida humana: los valores sobre los cuales se toman las decisiones, la forma como se expresan las emociones, los comportamientos y las relaciones, etc.

[4] Las narrativas culturales se refieren a las historias que un pueblo cuenta de sí mismo para darle sentido a su existencia en común.

culinarias y folklóricas, etc.; es necesario adaptar conceptos, vocabulario, imágenes y argumentos del mundo de la Biblia de tal manera que sean relevantes para quienes escuchan.

La contextualización presupone que la Biblia y la cultura deben abrazarse y tener una relación dialéctica, ya que la cultura determina cómo interpretamos las Escrituras y, a la vez, la Escritura debe generar cambios profundos en la cultura a la que se predica. En palabras de Keller:

> La contextualización implica identificarse con la cultura a la vez que se la desafía. Significa oponerse a los ídolos de una sociedad mientras se muestra respeto por sus miembros y por muchas de sus esperanzas y aspiraciones. Supone expresar el evangelio de manera que no solo sea comprensible, sino también convincente. (Keller, 2017, p. 91)

Esto implica que la Palabra confronta el pecado de la cultura.

La contextualización ofrece amorosamente la verdad y traza puentes (que podrían ser sus propias esperanzas y símbolos) que permiten comprender la verdad del evangelio. Requiere usar las mismas imágenes, categorías y lenguaje de la cultura para comunicar las verdades atemporales del evangelio. Para eso, se sugiere lo siguiente:

1. Un vocabulario sencillo y claro que todos puedan comprender. Usar la jerga cotidiana y evitar el uso del lenguaje de la subcultura evangélica.[5]
2. Usar argumentos que las personas que escuchan respetan y admiran para que perciban que el evangelio es relevante, tal como lo hizo Pablo cuando predicó a los atenienses. Él partió de un conocimiento que tenían en común y desde esa realidad conectó la verdad bíblica que quería transmitirles (Hechos 17:16-34).
3. Traducir las enseñanzas bíblicas de manera práctica, de modo que las personas puedan ver que es posible vivir las demandas del evangelio. Solo un evangelio contextualizado será relevante para esta época.

---

[5] Expresiones como "la unción está aquí", "vivir en el Espíritu", "el mundo", entre otras, son propias de los cristianos, pero los inconversos probablemente no las comprenderán.

## 10.2.2 *Predicar para la persona posmoderna*

En el primer capítulo se abordaron algunos elementos propios de la cultura posmoderna. En este capítulo se ofrecen algunas ideas básicas para responder adecuadamente a esa cultura.

*Primero, la predicación debe propiciar la experiencia de Dios.* Dado que vivimos en una cultura más sensorial, la predicación debe conducir a un encuentro con Dios. Por eso, el predicador debe ser portador de la presencia y Palabra de Dios. Ya se ha indicado que hay una relación entre la Palabra y la acción de Dios. Pero también se debe hacer un buen uso de las tecnologías, que son parte de la vida de sus oyentes, para que las personas tengan la oportunidad de "experimentar" a través de sus sentidos la realidad de la Palabra de Dios.

*Segundo, predicar al corazón.* Para que la predicación sea una experiencia de Dios, se debe predicar también al corazón. Se dice que el corazón tiene más escuchas que los oídos.

El predicador contemporáneo debe saber que se enfrenta a un público cada vez más escéptico, personas que oyen, pero no escuchan —es decir, oyen porque tienen la capacidad de percibir sonidos, pero no prestan atención porque no les gusta que alguien les diga lo que deben creer y cómo deben vivir—. Además, viven de espaldas a Dios. No escuchan porque su corazón está muerto en sus pecados y carecen de sensibilidad espiritual. Por eso, la predicación debe impactar el corazón.

En la antropología bíblica, «el corazón es el asiento de la mente, la voluntad y las emociones, todo junto» (Keller, 2015, p. 146). Cualquier cosa que capte la confianza y el amor del corazón controla los sentimientos y la conducta. «Lo que más quiere el corazón, la mente lo encuentra razonable, las emociones lo consideran valioso y a la voluntad le resulta factible» (Keller, 2015, p. 146). Es fundamental entonces que la predicación conmueva el corazón para que las personas experimenten un cambio: de confiar en sí mismas y en otras cosas efímeras que les dan seguridad (tales como el trabajo, el dinero y la posición social) a confiar en Dios. Además, debemos recordar que las personas son movidas por sus anhelos y afectos más que por sus razonamientos.

Para hablar al corazón se debe hablar desde el corazón. Las personas deben percibir que la verdad primero transformó al predicador. En palabras de Keller, «lo que se quiere es que, cuando hables, se haga evidente en todo sentido que las verdades que estás presentando te han humillado, herido, sanado, consolado y exaltado, y que tienen poder genuino en tu vida» (Keller, 2015, p. 154).

Para predicar al corazón se requiere conectar la verdad de Dios con la experiencia propia y comunitaria de los oyentes. Cuando se relaciona un principio bíblico con una experiencia personal, ya sea del predicador o del que escucha, la verdad bíblica cobra vida y ayuda a una mejor comprensión y aplicación de las Escrituras. Esto implica que el predicador conozca más de cerca a quienes predica, que sea sensible a su realidad existencial y considere seriamente sus inquietudes, aflicciones, esperanzas y aspiraciones.

También implica que el predicador tome en cuenta la realidad de aquellos espirituales, carnales, débiles, ancianos, adolescentes, viudas, ansiosos, depresivos y demás grupos de personas que pudieran componer su audiencia.

*Tercero, predicar a la persona completa.* La Biblia deja claro que el mensaje de Dios es para personas en situaciones existenciales particulares.

*Cuarto, predicar apologéticamente.* En la Biblia, los profetas, Jesús y los discípulos predicaron enardecidos y por eso defendieron y proclamaron con celo la verdad. El predicador no debe tener temor a hablar la verdad del evangelio en medio de un mundo egoísta, escéptico y a la vez sincretista. Es necesario defender la verdad divina ante las nuevas ideologías, mostrando que es Dios quien tiene la última palabra.

También se necesita una predicación que dialogue con la ciencia en sus diferentes expresiones y responda a las grandes inquietudes científicas. También implica responder categóricamente a las opiniones de las ciencias arqueológicas al respecto de eventos bíblicos. Muchos de nuestros oyentes están familiarizados con esas opiniones y si el predicador no las toma en cuenta, parecerá alguien superficial y sin mayores conocimientos.

*Quinto, se debe predicar con asombro.* Hablar de Dios debe ser emocionante. Recuerde, apreciado lector, que la cultura posmoderna está embellecida por el espectáculo; por lo tanto, predicar a Cristo debe ser algo espectacular, que siempre muestre la gloria de Jesús y la esperanza que hay en Él.

En una cultura donde hay muchos ídolos venerados de la realización personal, el bienestar material, la cultura hedonista y el placer, se debe demostrar que Jesucristo y su evangelio son la verdadera fuente de la vida en plenitud.

Por tanto, la predicación no debe representar una serie de argumentos frívolos, sino una exposición vibrante que dé cuenta de que el predicador ha sido tocado por el mensaje de Dios y habla en el poder del Espíritu Santo.

## 10.3 Predicar en el poder del Espíritu

El predicador bíblico es un colaborador en la obra que Dios lleva a cabo en el mundo y la iglesia a través del Espíritu Santo. Así lo afirma Keller: «Para el acto de predicar en particular, hay algo incluso más central para la persuasión: que tus oyentes puedan percibir la obra del Espíritu Santo en y a través de ti» (Keller, 2017, p. 178). Para lograrlo, el mismo Keller dice lo siguiente: «Cuando los predicadores…, en lugar de solo dar información o mostrar lo que han aprendido, exaltan a Cristo y muestran a las personas su hermosura, se alinean con el Espíritu y pueden esperar que él acompañe su mensaje» (Keller, 2017, p. 179).

La obra del Espíritu en el proceso de la predicación es amplia; así lo afirman los autores Duval y Hays:

> El Espíritu nos capacita para entender el significado de las Escrituras a un nivel más profundo. Ciertamente esto incluye la capacidad de aplicar el significado de la Biblia, pero también el de discernir la teología que surge de texto… El Espíritu nos da «oídos para oír» lo que Dios nos dice en su Palabra. Este discernimiento de parte del Espíritu puede llegar tras horas de estudio (es lo que sucede normalmente) o puede llegar de repente. En cualquier caso, tal discernimiento no nos llega como una nueva revelación, sino como un entendimiento fresco del significado de la Biblia. (Duval & Hays, 2008, p. 287)

El predicador es inútil sin la asistencia del Espíritu que hace viva la Palabra de Dios. De hecho, la transformación del ser humano solo es posible cuando se encuentra con Dios a través del texto bíblico. Por eso, es tarea del predicador asegurarse de estar comunicando un mensaje de Dios, pero también debe ser guiado por el Espíritu en la confección del sermón y en la exposición propiamente dicha, para que sea el Señor quien coloque las palabras adecuadas. También debe esperar en la gracia soberana de Dios, y en la obra sobrenatural y la presencia misteriosa del Espíritu Santo clarificando y aplicando la Palabra en la vida de las personas.

Hay que reconocer que, si el Espíritu Santo no enciende los corazones de los oyentes con esa Palabra, no pasará nada por mucho que el predicador se esfuerce. Quedará solo información que las personas olvidarán al ocuparse de otras tareas cotidianas, pero si el Espíritu actúa en la Palabra, ese mensaje resonará en la mente y la conciencia de las personas, modificando su conducta y orientándolas en la toma de sus decisiones cotidianas.

También la comunicación de la verdad de Dios implica la obra del Espíritu de Dios y la participación activa del ser humano. Dice Overdorf:

> La Biblia en sí misma ofrece un encuentro vivo y dinámico con Dios. Los predicadores llevan a sus oyentes a un encuentro con Dios en el texto; luego Él, por medio de su Espíritu, convencerá, alentará y consolará, lidiará con los corazones de los oyentes como lo vea conveniente. (Overdorf, 2009, p. 36)

No es posible una predicación efectiva sin la asistencia del Espíritu Santo.

Todo predicador debe subir al púlpito esperando la manifestación poderosa del Espíritu mientras se expone la poderosa Palabra de Dios. Las sanidades y milagros deben ser parte de la presentación de la Palabra de Dios.

Finalmente, quienes tenemos compromiso con predicar la poderosa Palabra de Dios debemos esperar un avivamiento espiritual. La historia nos recuerda constantemente que la renovación espiritual que ha experimentado la iglesia coincide siempre con la importancia que recibe la Palabra de Dios. El Espíritu de Dios obra junto a la Palabra de Dios proclamada. A la vez, la decadencia de la fe, la frialdad y la mundanalidad de la iglesia comienzan con el abandono de la Palabra de Dios en el púlpito y en la vida. Cuando la Palabra de Dios se expone con responsabilidad, Cristo se hace presente y el Espíritu vivifica las Escrituras de tal manera que la iglesia experimenta el poder transformador de esa Palabra viva.

Predicadores, ¡propiciemos un nuevo avivamiento espiritual en la iglesia del siglo XXI!

# BIBLIOGRAFÍA

Abraham, W. (1994). *El arte de la evangelización*. Casa Bautista de Publicaciones.

Aldana, R. (2007). *Seminario: ¡Señor hazlo otra vez!* Guatemala Abril.

Anderson, K. (2010). *Predicar es una decisión*. Editorial Vida.

Arnold, P. (2015). *La era de la mariposa, una espiritualidad en proceso de crisálida*. Editorial Claretiana.

Arthur, J. (2007). *Predicando con variedad*. Editorial Portavoz.

Blackwood, R. (2011). *El poder de la predicación y la enseñanza multisensorial*. Editorial Vida.

Broadus, J. (1930). *Historia de la predicación*. Casa Bautista de Publicaciones.

Caballeros, H. (1999). *De victoria en victoria*. Caribe/Betania Editores.

Calvino, J. (1988). *Institución de la religión cristiana*. Nueva Creación.

Cate, R. (1990). *Introducción al estudio del Antiguo Testamento*. Casa Bautista de Publicaciones.

Cogley, J. (1969). *Religión en la era secular*. Monte Ávila.

Cothenet, E. (1997). *San Pablo en su tiempo*. Verbo Divino.

Crane, J. (1985). *El sermón eficaz*. Casa Bautista de Publicaciones.

Cueva, S. (1995). *Misión transcultural*. Editorial CLIE.

Duvall & Hays. (2008). *Hermenéutica, entendiendo la Palabra de Dios*. Editorial CLIE.

Fee, G. & Stuart, D. (2007). *Lectura eficaz de la Biblia*. Editorial Vida.

Fliedner F. (2002). *Martín Lutero, su vida y su obra*. Editorial CLIE.

Garvie, A. (1920). *La predicación cristiana*. T&T Clark.

Giese, R. & Brent, S. (1995). *Compendio para entender el Antiguo Testamento*. B&H Publishing Group.

González, J. (1994). *Historia del cristianismo*. Tomo I. Editorial Unilit.

Hong, I. (2001). *¿Una iglesia posmoderna?* Ediciones Kairós.

Horton, M. (1991). *Hechos en América*. Baker.

Jiménez, P. (2003). *Principios de predicación*. Abingdon Press.

_____ (2009). *La predicación en el siglo XXI*. Editorial CLIE.

Keller, T. (2010). *Iglesia centrada.* Editorial Vida.

_____ (2017). *La predicación.* B&H Publishing Group.

Key, J. (2008). *La preparación y predicación del sermón bíblico.* Editorial Mundo Hispano.

Kimball, D. (2009). *La iglesia emergente.* Editorial Vida.

Laad, G. (1974). *El evangelio del reino.* Editorial Vida.

Lalive, C. (1968). *El refugio de las masas.* Ediciones del Pacífico.

Liardon, R. (2005). *Los generales de Dios II.* Editorial Peniel.

Lindsay, T. (1986). *La Reforma y su desarrollo social.* Editorial CLIE.

Lukasse, J. (1989). *Una iglesia con impacto.* Editorial CLIE.

Martínez, J. M. (1984). *Hermenéutica bíblica.* Editorial CLIE.

Mohler, A. (2010). *Proclame la verdad.* Editorial Portavoz.

Montoya, A. (1995). *Predicando con pasión.* Editorial CLIE.

Núñez, E. (1995). *Desafíos pastorales.* Editorial Portavoz.

Overdorf, D. (2009). *Sermones que transforman vidas.* Editorial Portavoz.

Padilla, R. (1972). *El debate contemporáneo sobre la Biblia.* Ediciones Evangélicas Europeas.

_____ (2003). *La iglesia local como agente de transformación.* Ediciones Kairós.

Paredes, T. (2003). *El evangelio: Un tesoro en vasijas de barro.* Ediciones Kairós.

Ropero, A. (2015). *Homilética bíblica.* Naturaleza y alcance de la predicación. Editorial CLIE.

Sánchez, E. (2005). *Descubre la Biblia.* Sociedades Bíblicas Unidas.

Scout, K. (1988). *Historia del cristianismo.* Tomo I. Casa Bautista de Publicaciones.

Spurgeon, C. (1982). *Discurso a mis estudiantes.* Casa Bautista de Publicaciones.

Stam, B. J. (1995). *Las buenas nuevas de la creación.* Nueva Creación.

Stein, R. H. (2006). *Jesús, el Mesías: Un estudio de la vida de Cristo.* Editorial CLIE.

Stott, J. (1996). *Imágenes del predicador en el Nuevo Testamento.* Nueva Creación.

_____ (1999). *La predicación: Puente entre dos mundos.* Libros Desafío.

Sunukjian, D. (2010). *Volvamos a la predicación bíblica.* Editorial Portavoz.

Vine, W. E. (1984). *Diccionario expositivo de las palabras del Antiguo y Nuevo Testamento.* Editorial Caribe.

Vila, S. (1984). *Manual de homilética.* Editorial CLIE.

Wagner, P. (1993). *La destrucción de fortalezas.* Editorial Caribe.

Willhite, K. (2009). *Predicando con relevancia*. Editorial Portavoz.

White, M. (1983). *Predicación expositiva*. Casa Bautista de Publicaciones.

Wood, J. (1983). *Los profetas de Israel.* Outreach Publications.

Wright, N. (2002). *El verdadero pensamiento de Pablo: un ensayo sobre la teología paulina*. Editorial CLIE.

Zaldívar, R. (2006). *Teología sistemática desde una perspectiva latinoaméri-ca.* Editorial CLIE.

www.ingramcontent.com/pod-product-compliance
Lightning Source LLC
LaVergne TN
LVHW021346080426
835508LV00020B/2131